广东省社会工作专业人才重点实训基地教材

国家社科基金《新时代城乡社区治理体系建设研究》（21BSH20）、教育部高等教育司课题《青少年社会工作课程改革与实训案例库建设》（220406397261319）以及广州市社会科学规划课题《广州流动人口治安防控体系研究》（2020GZYB09）阶段性成果

U0742650

社会工作

案|例|精|编（五）

来自粤穗的服务经验

谢宇　谢建社◎主编

中国社会出版社

国家一级出版社·全国百佳图书出版单位

图书在版编目（CIP）数据

社会工作案例精编．五，来自粤穗的服务经验 ／ 谢宇，谢建社主编．－－ 北京：中国社会出版社，2023.12
ISBN 978-7-5087-6955-4

Ⅰ．①社… Ⅱ．①谢… ②谢… Ⅲ．①社会工作－案例－汇编－中国 Ⅳ．①D632

中国国家版本馆 CIP 数据核字 (2023) 第 216228 号

出 版 人：程 伟	终 审 人：魏光洁
责任编辑：刘云燕	策划编辑：刘云燕
责任校对：杜 康	封面设计：李 尘

出版发行 中国社会出版社	地　　址：北京市西城区二龙路甲 33 号
邮政编码：100032	编 辑 部：(010)58124846
网　　址：shcbs.mca.gov.cn	发 行 部：(010)58124863；58124845
经　　销 新华书店	

印刷装订：河北鑫兆源印刷有限公司	开　　本：170 mm×240 mm　1/16
印　　张：14.5	字　　数：230 千字
版　　次：2023 年 12 月第 1 版	印　　次：2023 年 12 月第 1 次印刷
定　　价：68.00 元	

中国社会出版社微信公众号

中国社会出版社天猫旗舰店

序

社会工作教育对社会治理绩效的影响研究

——以职业认同为中介变量[①]

谢建社　朱小练[②]

本研究通过对 529 名广州社会工作者的截面数据进行样本分析，发现社会工作人才的职业教育与社会治理绩效关系密切。我们以社会治理绩效为被解释变量，以社会工作专业及其在职培训为解释变量，以职业认同为中介变量，运用多元线性回归模型和稳健性检验等数理统计分析方法。研究表明职业教育对社会工作者的社会治理绩效和职业认同产生较强的推动作用，进而提升和重塑社会工作者职业认同，创新教育模式和内容，提高社会工作者在参与社会治理中的绩效。

2010 年 6 月，《国家中长期人才发展规划纲要（2010—2020 年）》明确提出，"建立不同学历层次教育协调配套、专业培训和知识普及有机结合的社会工作人才培养体系。加强社会工作学科专业体系建设。建设一批社会工作培训基地，加强社会工作从业人员专业知识培训，制定社会工作培训质量评估指标体系。"[1]这一决策的实施，使全国社会工作人才培养体系迅速形成。截至 2022 年底，我国社会工作专业人才总量达到 150 万人，其中持证社会工作人员达到 66 万人。另外，全国约有 310 所高校开设了社会工作专业，每年培养出专业学生（含社会工作专业硕士）近 3 万人。尽管培养规模较大，但

① 本文系国家社科基金课题《新时代城乡社区治理体系建设研究》（21BSH20）阶段性研究成果。

② 谢建社，广州大学公共管理学院教授，博士生导师，广州粤穗社会工作事务所研究员。朱小练，广州美术学院助理研究员。

仍然无法满足社会工作者的职业教育需求[2]，社会治理中的社会工作人才奇缺。

一、研究的问题

（一）大学生对社会工作专业认同问题

第一，新生填报社会工作专业第一志愿较少。由于学生的认同度不高以及高校在专业教育中的引导不够，导致学生转换专业情况不断。第二，社会工作专业实习效果较差。由于有的实习机构不规范，安排实习不专业，导致一些学生对专业进一步的不认同。第三，大学毕业生对社会工作职业不认同。近年来大学毕业生就业状况调查显示，社会工作专业的毕业生从事社会工作职业的较少，即使有社会工作专业毕业生选择了社会工作职业，但短期内离职或跳槽到其他行业的现象也不少。第四，全国社会工作发展不平衡，导致一些地区社会工作服务成效不尽如人意，社会工作人才不断流失。

（二）社会治理绩效与社会工作者职业教育水平的关系问题

社会的认同度不高表现在社会工作职业被认为是服务人的工作，属于社会的基层工作，加上工资偏低，上升的空间不大。社会工作者中职业认同度高的往往职业教育水平不太高，职业教育水平高的认同度却低，或是职业认同度低使得社会工作者无心追求更高的社会治理绩效。职业教育作为社会工作专业化和职业化发展的内在基础，也是提高职业认同的内驱力。只有经过职业教育，社会工作者才能充分发挥助人自助的专业价值和潜能，并能够真正主动地投身社会治理工作，追求更高的社会治理绩效。

本文对最终获得的 529 名广州社会工作者的调查资料进行分析，探讨社会工作者自身职业教育水平对职业认同及社会治理绩效的影响，并分析社会工作者的职业认同在职业教育与社会治理绩效之间是否起着中介作用，从而倡导进一步采取针对性措施，发展我国社会工作职业教育，稳定社会工作者队伍，进而推进社会工作职业化、专业化及本土化发展。

二、已有的研究概况与评述

(一) 职业认同与社会治理绩效的相关研究

当前，国内外学者已经从心理学、社会学等多学科维度界定社会工作者职业认同这一概念。一般认为，职业认同（Career Identity）是一个互动性的、自我的概念，是指个体积极、稳定地投入自己所从事的职业并持有肯定性的评价。最早，职业认同这一概念是由埃里克森提出的"自我同一性（Ego Identity）"发展而来[3]。

随后，国内外学者展开了对职业认同的研究，国外学者马西娅试图借助"身份地位"概念使其更加具体化，认为它是一种内在的、自我建构的、充满活力的努力、技能、观点和个人经验的结合[4][5]。国内学者安秋玲则将职业认同看作是个体与职业间的一种"心理契约"和"连锁反应"，整体反映出个体职业化的成熟程度[6]。由于社会工作在中国作为新兴职业，其职业化发展相对滞后，对职业认同的研究大多聚焦于教师、医生、警察、青少年等职业化和专业化程度较高的群体。如王文彬等人虽是从社工的身份认同视角入手，但探讨的是社会工作薪酬待遇低、晋升空间小等因素影响社工的职业认同[7]。曾守锤等人对604名已产生离开社会工作行业想法的社会工作者进行分析，发现他们比还没有找机会离开的从业者从业年限更短、离职意愿更强烈、职业倦怠更高、职业认同更低[8]。职业认同研究在20世纪50年代随着人们对绩效的关注而成为热点话题。社会治理绩效是评估一个人能否有效完成社会治理中的任务的重要标志[9]，能够非常直观地反映出个人的工作成果。社会治理绩效分为任务绩效和关系绩效，任务绩效是指有明确规定的职务内行为，这些行为通过直接的生产和服务活动对组织作出贡献；关系绩效则是间接的生产和服务活动。我国学者吴磊基于合法性理论的分析框架，指出社会工作参与社会治理的作用逐渐凸显，在满足公共服务需求、形塑良好的社区治理格局中发挥着重要的作用[10]。黎燕丽认为职业认同是员工职业成长的内驱力，能够对工作绩效产生影响[11]。霍尔等人研究发现，职业认同水平高的人会对自己和职业产生双重肯定，其内心会产生一种良好的使命感和归属感，进而带来更高的个人绩效[12]。目前将职业认同与社会治理绩效两者联系在一起的研究并不多，研究对象较为单一，尤其是以社会工作者作为研究对象的实证研究更是如此。

（二）职业教育与社会治理绩效的相关研究

职业教育（Vocational Education）作为社会工作教育体系中的一种类型，是指让受教育者获得某种职业或生产劳动所需要的职业知识、职业技能和职业道德的教育，其包括专业教育背景和职业培训。专业教育背景是学历性的教育，职业培训是非学历性的教育，包括对职工的就业前培训、对下岗职工的再就业培训等。职业教育的目的是培养应用型和操作型的人才，侧重实践技能和实际工作能力的培养[13]，以提高员工的综合素质、积累工作经验、学习所需技能，帮助应对多变的工作情境，进而提升任务绩效水平。同时，新员工在职业培训的过程中，进一步了解社会工作的工作方式和目标，增强对社会工作的认知，有助于关系绩效的提升。由于我国社会工作职业教育起步较晚，所以大多借鉴西方的理念和方法。栾添等人的研究表明，一些高校通过加入日本社会工作教育学校联盟，借鉴日本经验，利用职业资格考试制度、根据就业市场变化进行社工职业教育改革、建立统一的社工实习教育制度等方式推动高校社会工作职业教育发展[14]。金军从社工的视角出发，阐述工匠精神在高校大学生职业教育中的重要作用，提出工匠精神培育与当代大学生职业认同的路径[15]。此外，我国职业教育存在师资提供滞后的情况，社会工作的师资队伍主要是依靠其他学科和专业教师力量而建立，社会工作教师队伍对社会工作职业认同度较低[16]。2014年6月，习近平主席就加快职业教育发展作出重要指示[17]，强调职业教育是国民教育体系和人力资源开发的重要组成部分，是广大青年打开通往成功成才大门的重要途径，肩负着培养多样化人才、传承技术技能、促进就业创业的重要职责，必须高度重视、加快发展社会工作职业教育，是当前一个紧迫性与现实性极强的课题。

（三）现有研究评析

从中国知网学术数据库得知，有关社会工作者职业相关研究呈上升趋势，并且研究视角、研究水平、研究的深度与广度等方面有进一步扩展。已有的研究为社会工作者的职业认同、职业教育与社会治理绩效的研究提供了丰富的材料积累和前期准备，但也存在一些不足：一是现有研究多聚焦其他领域群体，对社会工作从业人员的研究较少；二是既有研究大多立足于"他者"的视角，对于研究现状及对策建议颇显匮乏，为研究留下了可供探索的空间。三是研究方法上的问题，多数通过现有文献和理论构建得出结论，没有进行严格的统计分析检验。因此，加大力度对社会工作者职业认同、职业教育和社会治理绩效进行研究，有利于我们对社会工作未来的想象与发展规划，乃至为国家社会治理的战略定位提供理论依据。

三、理论模型及研究假设

（一）理论模型

由于要使用中介效应模型，我们根据温忠麟等人的论文[18]，采用了依次检验法［最早由巴伦（Baron）和肯尼（Kenny）提出，因此也被称为 BK 法[19]］来检验模型的中介效应。首先需要构建被解释变量 Y、解释变量 X 和中介变量 Z 之间的内在关系，即假设 Z 是 X 影响 Y 的中介路径，为了检验这一假设，我们需要构建三个回归模型：

$$Y = \alpha X + \varepsilon_1$$

$$Z = \beta X + \varepsilon_2$$

$$Y = \alpha_0 X + \gamma Z + \varepsilon_3$$

之后采用逐步检验回归系数法对中介效应进行检验，先检验回归系数 α 是否显著，若显著，则继续检验系数 β、γ，否则停止检验，若系数 β、γ 均显著，则检验 α_0 的显著水平；若 $\alpha_0 < \alpha$，则表明 Z 在 X 和 Y 之间起着部分中介效应，若 α_0 未达到显著水平，说明 Z 发挥完全中介效应。最后可以通过回归系数乘积法，使用公式：

$$RIT = \frac{Indirect}{Total} = \frac{\gamma \times \beta}{\alpha}$$

计算出中介效应占总效应的比例（RIT 值）。

同时为了计算简便，本文主要采用了 Stata 软件的扩展命令 medsem 来估计中介效应[20]和 RIT 值。该命令可以对中介效应进行多方面的估计和检验。

（二）研究假设

研究问题 1. 职业教育正向促进社会工作者社会治理绩效的提高

职业教育与社会工作者社会治理绩效之间的关系，在学术界已经逐渐被建立起来。董云芳的研究表明学校教育是培养社会工作专业人才职业胜任力的重要阶段[21]。张黎指出专业的培训和定期的督导有助于社会工作者自身能力的提升，帮助他们解决工作中的难题，进而提高社会治理绩效[22]。因此本研究提出假设：

假设 1a：具有社会工作专业背景的社会工作者表现出更高的绩效水平

假设 1b：在职培训正向促进社会工作者社会治理绩效的提升

研究问题 2. 职业教育正向促进社会工作者职业认同度的提高

Tiia Tamm 认为职业教育提供了个体接受职业观念的机会，个体在行为参与中奠定了职业认同发展的基础[23]。孙晓宇通过问卷数据分析发现工作与专业对口的社会工作者存在更高的职业认同[24]。因此本文提出：

假设 2a：具有社会工作专业背景的社会工作者表现出更高的职业认同度

假设 2b：在职培训正向促进社会工作者职业认同度提高

研究问题 3. 社会工作者的职业认同在职业教育与社会治理绩效之间起着中介作用

当社会工作者受到良好的职业教育时，其会获得更高的职业认同，对社会工作的职业追求有更深刻的理解，最终会带来高的社会治理绩效；当社会工作者缺乏职业教育时，其职业认同度便会偏低，对社会工作的职业追求理解不清，最终陷入社会治理绩效低的困境。因此本文提出：

假设 3a：职业认同在社会工作专业背景与社会工作者社会治理绩效之间起着中介作用

假设 3b：职业认同在在职培训与社会工作者社会治理绩效之间起着中介作用

综合以上内容，我们提出本文的理论模型，如图 1 所示：

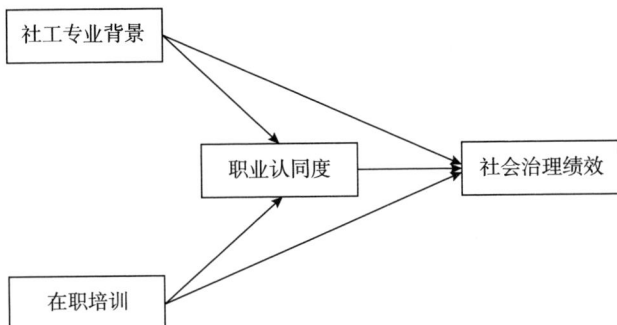

图1　理论模型

四、数据来源及变量说明

（一）数据来源

针对本次调查目的，笔者设计了调查问卷，涵盖四方面的内容：第一方面是社会工作者的基本信息，包括受教育程度、从业时长和个人月收入等内容；第二方面是职业教育，主要涉及专业背景和在职培训；第三方面是职业认同度；第四方面是社会治理绩效，主要分为任务绩效和周边绩效。本次研究的样本主要来源于广州粤穗社会工作事务所和广州市社会工作学会，共发放问卷600份，剔除乱答、错答的问卷71份，剩余529份有效问卷，有效回收率为88.17%。

（二）变量说明

1. 因变量

本文研究的被解释变量是社会治理绩效。参照国内外相关研究文献，学术界倾向于使用自陈量表法对个体进行测量。笔者设计了12条陈述用于测量社会治理绩效，每条陈述下方共有4个等级选项，包括差、中、良和优，并且依次赋值为1~4。其中第1~6条陈述用于测量周边绩效，包括支持和履行组织目标、规章制度及法律法规、工作热情、与他人合作等内容；而第7~12条陈述用于测量任务绩效，包括落实决策、完成高难度工作、调动资源、工作效率等内容。

2. 自变量

职业教育包括专业背景和在职培训。在专业背景层面，将社会工作专业背景赋值为 1，反之则赋值为 0。在在职培训层面，依据培训频率对问题选项进行划分，包括每月 3 次及以下、每月 4~6 次、每月 7~9 次和每月 10 次及以上，并依次赋值 1~4。

3. 控制变量

由于社会治理绩效是一个受多因素综合影响的被解释变量，因而本文在参考国内外研究结果的基础上，选取性别、年龄、婚姻状况、健康状况、个人月收入、受教育程度以及从业时长 7 个变量作为控制变量。其中性别、婚姻状况、健康状况处理为二分类变量，变量的取值依据被调查者的回答打分 1 或者 0，而对年龄、个人月收入、受教育程度以及从业时长等处理为定序变量。如表 1 所示。

表 1　变量名称及度量方法

变量类型	变量名称	度量方法
被解释变量	社会治理绩效	对自陈量表 1 的问题选项"差、中、良、优"依次赋值 1~4，最终对 12 条陈述的得分进行加总，得出社会治理绩效系数
解释变量	专业背景	非社会工作专业 =0，社会工作专业 =1
	在职培训	每月 3 次及以下 =1，每月 4~6 次 =2，每月 7~9 次 =3，每月 10 次及以上 =4
中介变量	职业认同度	非常认同 =5，比较认同 =4，一般 =3，比较不认同 =2，非常不认同 =1
控制变量	性别	男 =1，女 =0
	年龄	25 岁及以下 =1，26~35 岁 =2，36~45 岁 =3，46 岁以上 =4
	受教育程度（以初中及以下为基准组）	初中及以下 =1，高中/中专 =2，大学 =3，研究生 =4
	健康状况	健康 =1，不健康 =0
	婚姻状况	未婚、离婚、丧偶、分居编码为"无伴侣 =0"，同居、初婚有配偶、再婚有配偶为"有伴侣 =1"
	从业时长	具体从业年限（以年为单位）
	月工资收入	1000 元及以下 =1，1000~2000（含）元 =2，2000~3000（含）元 =3，3000~4000（含）元 =4，4000~5000（含）=5，5000 以上 =6

五、实证分析

(一) 描述性统计分析

为了获得样本数据的分布特征信息，本文首先对中介效应模型中的相关变量进行描述性统计分析。由图2可知，社会工作者的社会治理绩效得分主要集中在28~37分之间，共占有效样本总数的72.2%，其中绩效得分为33的社会工作者最多，占10.8%，而绩效得分为42和45的社会工作者最少，仅占0.6%。社会工作者绩效得分均值仅为33.81。因此，社会工作者的总体社会治理绩效水平偏低。

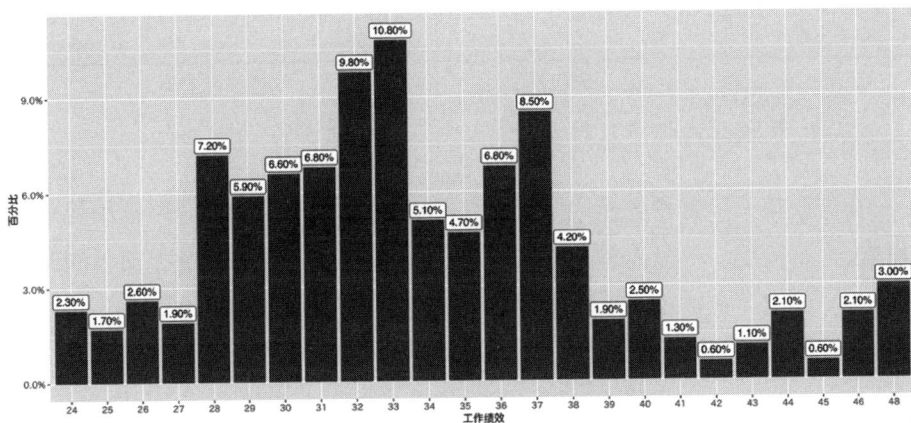

图2　社会工作者社会治理绩效分布情况

表2汇总了本文所有研究变量的统计描述分析结果。调查结果显示，职业认同度均值为3.74，表明社会工作者的职业认同处于中等水平。专业教育背景的均值为0.77，说明社会工作者队伍中大部分有社会工作专业背景。样本数据的受访者年龄主要介于26~35岁，性别分布较为均衡且多为无伴侣者，学历以中专和大学为主。此外健康状况的均值为0.98，即绝大部分社会工作者的身体较为健康，从业时长的均值为3.10，即有4~6年工作经验的社会工作者居多。个人月收入的均值4.04，即社会工作每月收入主要处于4000~5000（含）元的水平。

表2　变量描述性分析

变量名	样本量	均值	方差	最小值	最大值
社会治理绩效	529	33.81	5.41	24	48
职业认同度	529	3.74	0.90	2	5
专业背景	529	0.77	0.42	0	1
在职培训	529	2.91	1.05	1	4
性别	529	0.60	0.49	0	1
年龄	529	2.40	0.87	1	4
婚姻状况	529	0.37	0.48	0	1
受教育程度	529	2.35	0.90	1	4
健康状况	529	0.98	0.15	0	1
从业时长	529	3.10	1.13	1	5
个人月收入	529	4.04	1.22	1	6

（二）量表的内部一致性检验

在进行相关分析和多元回归分析之前，我们首先要对社会治理绩效量表的信度进行检验。一般而言，当 Cronbach's α 系数越大，则量表项目间相关性越好，内部一致性程度越高。若 α 大于0.8，则表示内部一致性极好，若 α 介于0.6~0.8，则表示较好，而低于0.6，则表示内部一致性较差。由表3可知，社会治理绩效量表整体内部一致性系数为0.7953，一致性程度较高，其中周边绩效和任务绩效分量表分别是0.7045和0.7112，表明量表的一致性程度较高。

表3　社会治理绩效信度测试表

变量		分量	
社会治理绩效	周边绩效	0.7045	一致性系数为0.7953
	任务绩效	0.7112	

（三）相关分析

由表4可知，所有皮尔逊相关系数均在0.5以下，表明各个关键变量之间不存在严重的多重共线性，同时关键变量间具有显著的相关性。所以各个关键指标均可直接纳入多元回归模型的分析中。

表 4 变量的相关分析

变量	社会治理绩效	职业认同度	在职培训	专业背景	性别	年龄	婚姻状况	健康状况	个人月收入	受教育程度	从业时长
社会治理绩效	1										
职业认同度	0.27	1									
在职培训	0.22	0.4	1								
专业背景	0.24	0.21	0.11	1							
性别	0.26	0.17	-0.02	0.18	1						
年龄	0.21	0.04	0.05	0.1	0.1	1					
婚姻状况	0.18	0.05	0.16	0.03	-0.02	-0.17	1				
健康状况	0.13	0.13	0.01	-0.05	0.08	0.07	0.06	1			
个人月收入	0.13	0.07	0.13	-0.03	0.06	0.05	0.02	0.21	1		
受教育程度	-0.07	-0.22	-0.46	-0.03	-0.02	-0.02	-0.05	0.003	-0.05	1	
从业时长	0.27	0.09	0.13	0.07	0.12	0.09	0.09	0.06	0.02	0.01	1

（四）多元回归分析

本文采用线性回归模型依次分析社会工作专业背景和在职培训是否可通过职业认同度这一路径对社会工作者社会治理绩效产生作用，结果如表 5 所示。在模型 1~6 中，被解释变量是社会治理绩效，核心解释变量是在职培训、专业背景和职业认同度。6 个多元回归模型的 F 值均达到显著水平（Sig. = 0.000），同时本文对模型各变量进行了检验，其中各变量的方差膨胀因子值（VIF 值）都小于 10，DW 统计量均接近于 2，各变量间不存在显著多重共线性等问题。所有模型均有效，各模型的具体分析如下：

模型 1 主要分析在职培训对社会工作者社会治理绩效的影响。回归结果显示，拟合优度 R^2 为 0.23，在职培训能够显著提高社会工作者的社会治理绩效，假设 1b 被证实。此外，在职培训的回归系数为 0.93，即在职培训每增加 1 个单位，社会工作者的社会治理绩效平均增加 0.93 个单位。

模型 2 主要分析在职培训对社会工作者职业认同度的影响。回归结果显示，拟合优度 R^2 为 0.21，在职培训对职业认同度的影响系数估计值为 0.33，表明在职培训能够显著地促进社会工作者的职业认同度的提高，假设 2b 被证实。虽然在职培训可以提升社会工作者职业认同度，但是其作用效力仍然有待进一步提高。

模型 3 主要分析职业认同是否作为在职培训推动社会治理绩效提升的中介变量而存在。回归结果显示，拟合优度 R^2 为 0.25，表明模型能够较好地解释在职培训和职业认同对社会工作者社会治理绩效的影响，并且呈现显著的正相关，假设 3 被证实。将模型 1 和模型 3 进行比对，发现在职培训在两个模型中均在 1% 的显著水平下对社会治理绩效产生正向作用，但模型 3 中的在职培训影响系数比模型 1 低，表明在职培训对社会治理绩效的总体影响中，有一部分是通过提高职业认同度来实现的，职业认同充当部分中介变量的角色，其中介效应比为 33.6%。在职培训能够在一定程度上提高社会工作者的职业认同度，进而提高社会治理绩效，但是中介效应的作用仍然有待提高。

模型 4 主要分析专业背景对社会工作者社会治理绩效的影响。回归结果显示，拟合优度 R^2 为 0.24，专业教育背景对社会治理绩效的影响系数估计值为 2.23，表明具有社会工作专业背景的社会工作者表现出更高的绩效水平，假设 1a 被证实。

模型 5 主要分析专业背景对职业认同度的影响，回归结果显示，拟合优度 R^2 为 0.13，专业教育背景对职业认同度的影响系数估计值为 0.41，表明具有社会工作专业背景的社会工作者拥有更高的职业认同度，假设 2a 被证实。虽然社会工作专业背景能够对社会工作者职业认同度有一定的推动作用，但是作用效力仍然有待进一步提高。

模型 6 主要分析职业认同是否作为社会工作专业背景推动社会治理绩效提升的中介变量而存在。回归结果显示，拟合优度 R^2 为 0.26，表明模型能够较好地解释社会工作专业背景和职业认同对社会治理绩效的影响，并且与社会治理绩效呈现显著的正相关，假设 3a 被证实。将模型 4 和模型 6 进行比对，发现专业背景在两个模型中均在 1% 的显著水平下对社会治理绩效产生正向作用，但是模型 6 中的社会工作类专业教育背景的影响系数比模型 4 低，表明社会工作类教育背景对社会治理绩效的总体影响中，有一部分是通过提高职业认同度来实现的，职业认同充当部分中介变量的角色，其中介效应占比 18.33%。社会工作类专业教育背景能够在一定程度上提高社会工作者的职业认同度，进而提高社会治理绩效，但是效应作用仍有待提高。

表5 回归分析结果

模型	模型1	模型2	模型3	模型4	模型5	模型6
变量	社会治理绩效	职业认同度	社会治理绩效	社会治理绩效	职业认同度	社会治理绩效
在职培训	0.9304*** (3.98)	0.3313*** (8.36)	0.6178*** (2.51)			
专业背景				2.2331*** (4.42)	0.4128*** (4.60)	1.8236*** (3.59)
职业认同度			0.9437*** (3.69)			0.9919*** (4.07)
性别	2.4449*** (5.65)	0.3172*** (4.33)	2.1455*** (4.93)	2.0034*** (4.59)	0.2166*** (2.79)	1.7885*** (4.13)
年龄	1.1038*** (4.41)	−0.0050 (−0.12)	1.1085*** (4.48)	1.0834*** (4.34)	0.0049 (0.11)	1.0785*** (4.38)
婚姻状况	1.8257*** (4.09)	−0.0302 (−0.40)	1.8542*** (4.20)	1.9836*** (4.50)	0.0436 (0.56)	1.9404*** (4.46)
健康状况	2.3633** (1.63)	0.6940*** (2.87)	1.7084 (1.18)	2.7054** (1.87)	0.7275*** (2.83)	1.9838** (1.38)
个人月收入	0.2788** (1.58)	−0.0161 (−0.54)	0.2940** (1.68)	0.3935*** (2.25)	0.0203 (0.65)	0.3734** (2.17)
受教育程度（以初中及以下为参照）						
高中/中专	−0.5973 (−1.00)	−0.0818 (−0.81)	−0.5202 (−0.88)	−0.8244 (−1.39)	−0.1574 (−1.49)	−0.6683 (−1.14)
大学	0.3143 (0.47)	−0.1217 (−1.08)	0.4292 (0.65)	−0.7926 (−1.29)	−0.4977*** (−4.56)	−0.2989 (−0.48)
硕士及以上	0.1462 (0.17)	−0.1077 (−0.74)	0.2478 (0.770)	−0.8280 (−1.03)	−0.4920*** (−3.45)	−0.3400 (−0.43)
从业时长	0.9022*** (4.77)	0.0115 (0.36)	0.8913*** (4.77)	0.9733*** (5.20)	0.0414 (1.25)	0.9322*** (5.05)
cons	20.2077*** (11.46)	2.0452*** (6.84)	18.2775*** (10.05)	20.9860*** (12.45)	2.6197*** (8.75)	18.3875*** (10.33)
R^2	0.231	0.2058	0.2506	0.2363	0.134	0.26
_F_	15.56	13.42	15.72	16.03	8.01	16.51
Prob > F	0	0	0	0	0	0

（五）稳健性检验

为了进一步检验多元回归模型结果的可靠性，本文重新选定被解释变量，将胜任力替代社会治理绩效，然后再次进行多元回归分析，最后通过比对前后两组多元回归模型的结果来初步判断研究结果的可靠程度。由于胜任力变量使用自陈量表进行测量，共计 18 条陈述，涵盖语言表达、组织协调、服务导向、创新能力、知识储备及抗压能力 6 个维度，所以要对胜任力量表的信度进行检验。由表 6 可知，胜任力量表的整体内部一致性系数为 0.7978，并且 6 个分量表的一致性系数均大于 0.7，因而该量表的一致性程度较高。

表 6　胜任力量表的信度测量

变量		分量	
胜任力	语言表达	0.7711	一致性系数 0.7978
	组织协调	0.7171	
	服务导向	0.7179	
	创新能力	0.766	
	知识储备	0.7544	
	抗压能力	0.7198	

由表 7 可知，较之前述模型 1~6，回归模型均未发生较大的变化，表明上文的基本实证分析结果具有较好的稳健性。

表 7　稳健性检验结果

模型	模型 7	模型 8	模型 9	模型 10	模型 11	模型 12
变量	胜任力	职业认同度	胜任力	胜任力	职业认同度	胜任力
在职培训	1.8238*** (6.23)	0.3313*** (8.36)	1.5148*** (4.89)			
专业教育背景				4.9674*** (8.01)	0.4128*** (4.60)	4.5362*** (7.25)
职业认同度			0.9327*** (2.90)			1.0447*** (3.47)
性别	2.8785*** (5.32)	0.3172*** (4.33)	2.5826*** (4.72)	1.9258*** (3.59)	0.2166*** (2.79)	1.6995*** (3.18)

续表

模型	模型 7	模型 8	模型 9	模型 10	模型 11	模型 12
变量	胜任力	职业认同度	胜任力	胜任力	职业认同度	胜任力
年龄	0.4652 (1.48)	−0.0050 (−0.12)	0.4699 (1.51)	0.3987 (1.30)	0.0049 (0.11)	0.3936 (1.30)
婚姻状况	1.8489*** (3.31)	−0.0302 (−0.40)	1.8771*** (3.38)	2.1314*** (3.93)	0.0436 (0.56)	2.0859*** (3.89)
健康状况	−2.0558 (−1.33)	0.6940*** (2.87)	−2.7031 (−1.49)	−1.2489 (−0.70)	0.7275*** (2.83)	−2.0089 (−1.13)
月收入	0.3633** (2.02)	−0.0161 (−0.54)	0.3783** (1.72)	0.5951*** (2.77)	0.0203 (0.65)	0.5739*** (2.70)
受教育程度（以初中及以下为参照）						
高中/中专	−1.6084*** (−2.14)	−0.0818 (−0.81)	−1.5321*** (−0.52)	−2.0616*** (−2.82)	−0.1574 (−1.49)	−1.8972*** (−2.62)
大学	0.6013 (0.72)	−0.1217*** (−1.08)	0.7149 (0.86)	−1.5962*** (−2.11)	−0.4977*** (−4.56)	−1.0763 (−1.41)
硕士及以上	1.4084 (1.31)	−0.1077 (−0.74)	1.5089 (1.41)	−0.4433*** (−0.45)	−0.4920*** (−3.45)	0.0706 (0.07)
从业时长	0.7952*** (3.36)	0.0115*** (0.36)	0.7844*** (3.33)	0.9274*** (4.04)	0.0414 (1.25)	0.8841*** (3.88)
cons	40.4496*** (14.22)	2.0452*** (6.84)	38.5420*** (16.84)	41.5160*** (20.04)	2.6197*** (8.75)	38.7792*** (17.66)
R^2	0.1965	0.2058	0.2093	0.2314	0.134	0.249
F	12.67	13.42	12.44	15.6	8.01	15.58
$Prob > F$	0	0	0	0	0	0

六、总结与展望

（一）主要研究结论

本文以 529 份社会工作者的截面数据作为研究样本，其中以社会治理绩效为被解释变量，以专业背景和在职培训为解释变量，职业认同为中介变量。在加入控制变量的情况下，通过多元线性回归模型和稳健性检验等数理统计分析，来验证职业认同是否在职业教育与社会治理绩效之间起着中介效应，并求出中介效应比例，最终得出以下研究结论：

第一，职业教育对社会工作者社会治理绩效产生较强的推动作用，即在一般情况下，社会工作者所接受的职业教育越多，其社会治理绩效就越好，其中，具有社会工作专业背景的社会工作者会表现出更高的绩效水平，而在职培训每增加 1 个单位，社会工作者的社会治理绩效平均增加 0.62 个单位。

第二，职业教育对社会工作者职业认同产生正向推动作用，即在一般情况下，社会工作者所受到的职业教育越多，其职业认同度就越高。其中，具有社会工作专业背景的社会工作者表现出更高的职业认同度，而每增加 1 个单位的在职培训，社会工作者的职业认同度平均增加 0.33 个单位，促进效应有待进一步提高。

第三，职业认同在职业教育与社会治理绩效之间起着部分中介效应，其中职业认同度在在职培训与社会治理绩效之间的中介效应占总效应的 33.6%，在社会工作专业背景与社会治理绩效之间的中介效应占 18.33%。不仅表明职业教育能够较好地促进社会治理绩效的提升，而且还能通过其他的路径影响社会治理绩效。

（二）对策建议

1. 完善培训补助机制和追踪模式，优化资金配置

一方面，政府建立完备的补助发放标准机制，将社会工作机构以往的培训投入情况纳入补助审批标准中，更好地实现补助资金的合理配置。另一方面，为了确保资金的使用能够符合政府的预期，政府部门应建立健全追踪机制，定期督促社会工作机构披露培训投入状况以及资金使用的去向等情况，确保补助资金实现专款专用。

2. 创新教育方式和内容，建立跨区域的合作机制

现行的培训方式主要以线下培训模式为主，线上培训和跨区域教学并未得到有效普及。与传统的线下培训方式相比，线上培训能够很好地实现个性化和弹性化学习，以及可以根据自身的需求、知识背景以及学习风格来抉择学习内容，有效地增强学习的针对性和有效性。因此，首先，相关单位应更好地做到线上与线下学习教育相结合，创造优于以往培训模式的新常态。其

次要建立跨区域的合作机制，营造社会工作专业知识共建共享的环境，进而推进社会工作职业教育的探讨，拓展社会工作研究空间。

3. 跨学科融合，增强培训主体的多元化与协同度

社会变迁带来复杂的社会问题，人们的社会需求多样化、个性化，依靠单一学科难以应对社会发展的新任务和新要求，社会工作教育必须与教育学、心理学、医学、法学和公共管理学等学科相互融合和交流[25]，从而解决社会发展中的复杂问题。职业教育持续时间长，能够系统化地帮助学生建立专业知识基础，是提升社会工作者社会治理绩效的重要环节。因此，学校社会工作教育应与时俱进，转变教学理念，加强跨学科的社会工作专业建设、跨学科的社会工作教育，培养跨学科的社会工作专业人才在新时代显得尤为重要。另外，社会工作机构的培训常常从具体案例或问题的角度对社会工作者进行培训，具有很强的实践性，学校与社会工作机构可以联合打造多元化培训课程，协同提升社会工作专业人才的培训质量。同时，建立科学的督导机制与制度，帮助社会工作者对自己的职业行为进行反思与总结。

(三) 研究展望

由于财力、人力等多方面的限制，导致本文的样本主要来源于广州粤穗社会工作事务所和广州市社会工作学会，样本来源相对较窄，调查的代表性和覆盖面仍有不足，可能会对研究的信度造成一定的影响。在后续的研究中，如若各方面条件允许，需进一步扩宽样本的来源渠道，增强研究样本的代表性。同时受到客观条件的限制，本研究对社会工作者社会治理绩效的测量主要依赖于主观指标，即每个被调查者都是根据自己的主观评价进行回答，导致测量存在偏差的可能性，从而影响到后面的分析结果。在后续的研究中，可以通过探索性研究的方法构建出一些客观性的陈述，以增强量表测量的准确性。最后，笔者仅检验和计算了职业认同所引发的部分中介效应，而对引发的剩余中介效应的变量尚未展开探讨。在后续的研究中，应该适当增加中介变量，来探明职业教育影响社会工作者社会治理绩效的更多路径，为政府建立更高效的社工队伍提供重要依据，提高教育效率，更好地推动社会工作的发展。

参考文献

［1］国家中长期人才发展规划纲要（2010—2020 年）［EB/OL］. 中华人民共和国中央人民政府 . （2010 – 06 – 07）［2023 – 05 – 20］. https://www. gov. cn/jrzg/2010 – 06/06/content_1621777. htm.

［2］王思斌 . 社会工作发挥专业优势介入社会危机事件的专业情怀和专业理性［J］. 社会工作，2020，1：1 – 5.

［3］ERIKSON E H. Identity and the life cycle［M］. WW Norton & Company，1994.

［4］MIEHLS D. Relational theory and social work treatment［J］. Social work treatment：Interlocking theoretical approaches，2011：401 – 412.

［5］MIEHLS D，MOFFATT K. Constructing social work identity based on the reflexive self［J］. British Journal of Social Work，2000（3）：339 – 348.

［6］安秋玲 . 社会工作者职业认同的影响因素［J］. 华东理工大学学报（社会科学版），2010，25（2）：39 – 47.

［7］王文彬，余富强 . 社会建构理论视角下的社会工作者身份认同研究：以深圳市社会工作者为例［J］. 社会工作，2014，6.

［8］曾守锤，李筱，何雪松 . 社会工作者离职：从想法到行动，差别在何处［J］. 社会工作与管理，2020，20（5）：14 – 21.

［9］张菁 . 新生代员工薪酬满意度对社会治理绩效的影响研究［D］. 重庆：西南大学，2018.

［10］吴磊 . 社会工作参与社会治理的绩效评估研究：基于合法性理论的分析框架［J］. 社会科学辑刊，2019（6）：50 – 55.

［11］黎燕丽 . 社工职业认同度与社工专业能力发展探究［J］. 社会工作与管理，2015，15（3）：23 – 29.

［12］HALL D T，CHANDLER D E. Psychological success：When the career is a calling［J］. Journal of Organizational Behavior：The International Journal of Industrial，Occupational and Organizational Psychology and Behavior，2005，26（2）：155 – 176.

［13］刘守义 . 论高职院校在社会职业培训中的作用［J］. 职教论坛，2005，25：23 – 25.

［14］栾添，王慧 . 日本高校社会工作职业教育的发展与启示：以社会福祉士培养课程改革为焦点［J］. 职业技术教育，2020，41（33）：72 – 76.

［15］金军．社会工作视野下大学生职业教育的"工匠精神"培育［J］．齐齐哈尔师范高等专科学校学报，2017（6）：41－44.

［16］张文华．我国社会工作教育发展存在的问题与对策探讨——基于对社会工作教学实践的反思［J］．社会工作，2010，6.

［17］习近平就加快发展职业教育作出重要指示［EB/OL］．（2014－06－28）［2022－06－28］．http://cpc. people. com. cn/n/2014/0628/c64094－25189804. html.

［18］温忠麟，张雷，侯杰泰，等．中介效应检验程序及其应用［J］．心理学报，2004，36（5）：614－620.

［19］BARON R M, KENNY D A. The moderator－mediator variable distinction in social psychological research：Conceptual, strategic, and statistical considerations［J］. Journal of Personality and Social Psychology, 1986, 51（6）：1173－1182.

［20］MEHMETOGLU M. Medsem：A Stata Package for Statistical Mediation Analysis［J］. International Journal of Computational Economics and Econometrics, 2018, 8（1）：63.

［21］董云芳．社会工作专业人才职业胜任力模型分析［J］．华东理工大学学报（社会科学版），2011，5：41－48.

［22］张黎．社会工作者职业认同研究［D］．合肥：安徽大学，2019.

［23］TAMM T. Professional identity and self－concept of Estonian social workers［M］. Tampere University Press, 2010.

［24］孙晓宇．社工专业认同和社会认同对其职业认同的影响研究［D］．北京：首都经济贸易大学，2018.

［25］谢建社，朱小练，陆珍旭．当代中国社会工作研究热点及其趋向：基于 Citespace 的可视化分析［J］．江汉学术，2020，39（5）：29－39.

目录

社会工作实务研究

社会工作实务案例

党建引领社会工作服务

家庭社会工作服务

社会工作实务研究

新时代基层社会治理体系建设研究

——以 G 市疫情防控社会工作为例①

谢 宇

基层治理是国家治理的基石，党的领导是加强基层治理体系和治理能力现代化建设的根本保证。习近平总书记在党的二十大报告中强调："坚持大抓基层的鲜明导向""推进以党建引领基层治理""把基层党组织建设成为有效实现党的领导的坚强战斗堡垒""拓宽基层各类群体有序参与基层治理渠道"。这一重要论断把握时代特征，为拓展新时代我国社会治理体系与治理能力现代化提出了更高的要求，为社会治理理论研究、规划编制、体制创新、力量部署、资源保障划出了重点。"社会治理的重心必须落到城乡社区"，城乡社区是社会治理的基本单元，"社区服务和管理能力强了，社会治理的基础就实了"。城乡社区治理在党和国家战略全局中有着重要地位，城乡社区治理能力的提升，将为切实巩固基层基础、夯实党的执政根基提供强有力支撑。[1]

一、基层社会治理问题提出

基层社会治理是在党的领导下，由政府负责组织社会力量为社区居民开展的民生保障、公共服务、共同富裕、矛盾调解以及创造平安和谐舒适生活环境的活动。基层是社会治理重心，也是国家治理体系中的一个层级。

2020 年，新冠病毒以迅雷不及掩耳之势在全球各地蔓延。我国在疫情暴

---

① 本文系教育部高等教育司课题《青少年社会工作课程改革与实训案例库建设》（220406397261319）、广州市社会科学规划课题《广州流动人口治安防控体系研究》（2020GZYB09）阶段性成果。

发之初就以最快的反应速度和行动效率获得疫情防控的丰富经验，以基层社区为单位的防控政策取得了良好的成效。由于疫情防控进入常态化，加快完善社区治理应急管理体系、推进社区治理能力现代化，对"后疫情时期"防控工作具有重要意义。基层社区既是居民生产生活的地域空间，也是社会治理的基础单元，广大居民的衣食住行、生老病死、文化娱乐、精神生活等都在社区体现，同时也决定着社区居民的认同感和归属感的程度。

随着城镇化和市场化深入推进，城乡人员流动、职住分离、各种利益关联交汇，人们日益增长的美好生活需求同社区资源不平衡、不充分供给的矛盾更加突出，现有的基层社会治理模式很难适应社会发展的要求。正如习近平总书记所指出的，社会治理工作最坚实的力量支撑在基层，经济社会发展和民生最突出的矛盾和问题也在基层，必须把基层治理作为长远之计和固本之策[1]。

疫情防控的经验进一步告诉我们，基层社区治理正在成为社会治理的重心。改革开放时代，越来越多的人从"单位人"变成"社会人"，最终成为"社区人"。基层社区治理的重要任务就是承接传统"单位"中的公共服务和利益协调功能，成为社会治理的主要载体和机制。新冠疫情防控，正是一次社区治理能力的检验。在防控过程中也暴露出诸多治理问题，如在社区治理中"区强社弱"甚至"有区无社"；社区缺少共同体意识，居民之间缺少心灵的互动，缺少相互关心和帮助的精神，对社区防控工作支持不够，对社区的认同感、归属感不强等。

新冠疫情防控，是对城乡社区治理体系的一次"大考"。在这场"考试"中，G 市以其富有人文关怀和精准有效的防控，而被称为"优等生"。在这一答卷中，G 市城乡社区疫情防控的"战斗堡垒"作用不可忽视。社区作为联防联控的第一线，也是外防输入、内防扩散最基础的阵地。本文将以 G 市疫情防控为切入点，探究 G 市社区的治理效能，为新时代城乡社区工作高质量发展提供充满活力的服务支撑。

二、国内外相关研究及其评述

（一）国外学者关于城乡社区治理问题的研究

社区概念最早由滕尼斯提出，国外多个不同领域的学者们经过无数次假设和验证，逐步形成多维度的关于社区理论和治理的讨论。如齐美尔和沃斯提出的社区失落理论，刘易斯和甘斯提出的社区继存理论，费金尔、韦尔曼和富顿提出的社区解放理论，帕克和麦肯齐提出的人文区位学理论，达尔提出的多元政治理论，等等。这些理论从不同学科的角度，对社区的形成、社区内部错综复杂的关系、社区未来发展等方面进行研究，深刻影响了学术界对于社区和社区治理问题的深度探索。

Hendriks 结合对城市案例的实证研究，把响应性、有效性、程序正义、弹性和平衡作为城市治理良好的 5 个核心概念，将社区居民参与和创新纳入城市治理的价值维度。[2] Purdue 则把邻里关系看作是社区社会资本的重构以及营造社区良好治理环境的重要因素，提出了创新邻里关系的举措。[3] Bovaird 调查发现公共服务在多主体和多目标的情况下对社区治理发挥着积极作用。[4] C. Hankla，W. Downs 认为，在社区治理中制定公共政策，中央与地方的信息的交流，政府内部与外部之间达成共识，迫切需要政府的支持。[5] 还有学者指出社区民众对治理组织的认可是社区治理合法性与有效性的前提，治理组织工作者的专业背景能够加强民众对治理组织的信任。[6] 社区治理组织能够通过民主协商、代议制参与等途径来增强社区治理制度和决策的有效性。[7]

国外学者近年来在社区治理领域的研究主要是沿着"社区治理目标—治理模式—治理成效"展开，探索了社区治理能力等问题，分析政府和居民在社区治理中的作用，认为居民的积极参与和政府的政策引导能够促进社区治理的合理性和效率化进程。

（二）国内学者关于城乡社区治理问题研究

国内对于社区的研究较早出现于 19 世纪 30 年代，当时费孝通、吴文藻等学者身先士卒，他们系统学习了西方的社区理论，结合国情，打开了国内社区研究的大门。20 世纪 90 年代，正值改革开放、国民经济快速发展时期，城市大规模建设推动了社区理论研究的深入，社区理论不仅仅停留在理论假设层面，社区服务与社区治理等方面也引起了学者们的广泛关注。吴志军在 2003 年从自治与服务的角度提出了以社会中介组织为主导、通过基层党组织来整合、居委会作为辅助的社区管理的方式。[8]

张艳国等指出，我国社区治理进入新常态，应从建构社区治理体系和提升社区治理能力视角，关注城乡社区发展、社区治理法治化问题。[9]贾凯认为，推进社会管理体制创新、构建公众参与治理机制、完善社会治理体系、加强社区生态环境保护都是解决城乡社会治理难题。[10]李增元认为，当代城乡社区治理现代化发展中秉持人的自由全面发展与"融合治理"理念，实现"城乡社会内在融合治理"与"城乡社区一体融合治理"的有机统一，最终将推动社会治理的和谐发展。[11]李春华把"精准"、"定制"和"责任"作为城乡社区治理的3个元素，并分别运用大数据思维和手段，综合分析社区的治理模式、资源禀赋、产业基础等信息，为社区里的每一个家庭"定制"一份精准的发展方案。[12]李忠杰从全面统筹协调推进城乡社区治理的系统工程出发，探索破解城乡社区治理、辩证施治、正确处理城乡社区治理的各种关系问题。[13]田毅鹏以党的领导推进农村社区治理能力现代化等问题为基点，阐述了提升农村社区治理的能力方略。[14]唐燕结合新冠疫情期间的城市社区工作，从城乡规划和公共卫生视角提出优化社区治理、保障城市公共卫生健康的具体途径，推进我国社区规划建设和基层社区治理。[15]陈荣卓等深入探索并提出完整的协商制度程序和有效的参与形式，成为当前和未来我国社区协商治理创新的重要发展方向。[16]张帆从社会政策研究视角，对城乡社区政策的生成背景、阶段性演进脉络、核心文本内容、政策间的关联性进行深度挖掘，尝试对城乡基层分治的逻辑、融合统筹治理的进路及其所蕴含的理论问题加以分析与反思。[17]赵秀玲提出以智慧特别是民间智慧提升城乡治理能力的思考。[18]

在疫情防控期间，也有一些学者基于前人社区治理的理论提出了可行的方案，比如由基层政府主导治理、多元治理结构主体动态均衡的人人有责、人人尽责、人人享有的"社区治理共同体"，让疫情不再只是政府的事，而是让每一个社区居民都积极参与，在享受疫情防控成果的同时也要担负起疫情防控责任；在创新社区治理手段方面，有学者提出充分利用数字化治理方式，将社区疫情防控结合大数据、互联网、物联网等，为社区治理赋能。

综观现有研究可以发现，国内学者较为系统地讨论了城乡社区治理，一方面从宏观视角以构建相应社区治理模式、机制、制度和体系入手，另一方面从微观视角以协商民主、居民自治入手，探讨城乡社区治理的模式。在实践层面上，无论是政府治理体系改革，还是基层治理模式创新，都是在尝试对现有的社区治理体系进行改善和探索。现有的社会治理研究还是存在一定的空间的。第一，强调政府引导和帮助的自上而下的社区治理，忽略社区治理的主体和重点。第二，从社区治理的基层入手，忽略现实的状况，较少从如何把握好政府与居民之间的趋同入手，难以控制自上而下和自下而上两种力量的基本平衡。

三、G 市社区治理中的疫情防控经验与思考

进入疫情防控时期，G 市基层社区治理创新体现在两方面，第一，进一步完善社区治理体制机制。坚持工作重心下移，完善社区治理模式，充分发挥企业和社会组织的作用，推进"互联网 + 社区"服务体系建设。第二，加强社区共同体建设。增强社区居民共同体意识，增强社区居民凝聚力。

（一）党建引领，发挥核心作用

习近平总书记指出："应对和战胜前进道路上的各种风险和挑战，关键在党。"[19]这让我们更加深刻认识到党的集中统一领导是取得疫情防控胜利的"定盘星"。

1. 思想引领："一马当先"带动"万马奔腾"

思想引领就是用先进的思想引领国人，打牢团结奋斗的共同思想政治基础。新时代思想引领就是抓好"不忘初心，牢记使命"主题教育，广泛凝聚共识，开展"传承红色经典，点燃红色初心"思想教育系列活动。

近三年来，G 市深入贯彻落实习近平总书记关于疫情防控的重要讲话指示精神、中央的决策部署和省市的有关要求，把打赢疫情防控阻击战作为重大政治任务，把疫情一线作为检验"不忘初心、牢记使命"主题教育成效的前沿阵地，在疫情防控斗争中充分发挥党建引领作用，全力以赴守护好社区居民的生命安全与身体健康，让党旗在疫情防控一线高高飘扬。以党建引领社区链上各种要素的联动。G 市以龙头企业、社会组织、产业强市和组织活力等为纽带，扩大经济社会发展优势，吸引分散的各类组织和

产业聚为一体，成立党建联合体，把街道社区、驻区单位、各个行业和各个领域党组织的力量统筹整合起来，以党建引领社区链上各个单位的相互促进。

在新冠疫情防控这场没有硝烟的全民战"疫"中，G市各级党组织和党员干部更是扛起政治责任，以实际行动践行初心使命，以先锋模范为党旗增辉添彩。疫情发生在哪里，党员干部的作用就在哪里发挥。2022年4月8日凌晨，当看到市委、市政府有关通知时，G市全体党员干部立即响应，迅速深入社区，参与社区疫情防控。紧接着，市委、市政府号召在党建引领推动下党员干部深入社区做好疫情防控工作，全市多达10万余名党员干部第一时间下沉到社区参与疫情防控，在社区党组织的领导下，将社区疫情防控各项工作落实落细落地。抗疫斗争实践证明：一名党员就是一面旗帜，"一马当先"带动"万马奔腾"，是党的思想引领战胜一切困难和风险，也是我们打赢疫情防控阻击战的最大优势。

2. 组织引领：党建与社区工作同频共振

早在2018年，G市社会组织就建起"横向到边、纵向到底、全面覆盖"的党建工作体系。2019年，G市大力构建"有呼必应"党建引领基层共建共治共享社会治理格局。全市被划分为16658个基础网格，建立"一家一站一中心"党内服务三级网络，推动社区党建工作。面对疫情大考，G市基层党组织发挥了坚强战斗堡垒作用。

社区组织是党在社会基层组织中的战斗堡垒，是党执政大厦的根基和党的肌体神经末梢。疫情防控一线在社区，就有社会工作者战斗在社区。社会工作者发挥着专业优势，助力社区疫情防控工作。2020年2月23日，习近平总书记在统筹推进新冠肺炎疫情防控和经济社会发展工作部署会议上对社会工作的专业优势给予充分肯定，也是对疫情防控中社会工作继续发挥专业功能的期望。G市社工站与辖区内党的组织合作，联动辖区内的企事业单位的党委/党支部开展各类党群共建服务，充分发挥了阵地凝聚、引领、辐射、带动作用，真正让党旗飘起来、党员动起来、组织活起来。据统计，截至2022年12月G市70多家社会工作服务机构，通过200多个社工站开设了237条"社工防护热线"，累计投入接线服务社工超4万人次，线上服务居民110万人次，线下服务 250 万人次，解决居民需求 18 万余个，在舒缓群众心理、提供应急服务、链接爱心资源、参与疫情防控中发挥了重要作用。

3. 方法引领：构建科学完善的党建工作指标体系

在疫情防控中，G 市社会工作者积极探索党建工作指标体系，即党建目标、寻标、对标、提标等体系建构。社会工作者坚持目标领方向、对标找差距、标准打基础、创新增动力、精益促改善、服务保质量。在疫情防控中创新实施"五家"工作方法，打造多元防控共同体，推动社区精细化治理。街镇是"主家"，社区"两委"是"本家"，社工服务站是"娘家"，社区组织是"亲家"，社区人才是"专家"；街镇党委发挥党建引领"主家"作用，引导"本家""娘家""亲家""专家"形成合力，共同参与社区治理，解决社区公共事务管理中的重点难点问题，推动社区防控工作有效开展。

（二）党委号召，彰显磅礴的动员能力

G 市是具有光荣革命传统、深厚英雄文化的城市，在这次疫情防控过程中，坚决落实中央决策部署及省委工作要求，经历一场"不忘初心、牢记使命"的主题教育洗礼，闻令而动、奋勇前行，知重负重、攻坚克难，奋力在防控大战中践行初心使命，在大考中交出优异答卷。

面对这次危机、这次大考，"中国速度"何以如此之快，"中国力量"何以如此之大？这再次彰显了中国共产党政治动员的能力。疫情发生后，习近平总书记始终高度重视，亲自指挥、亲自部署，在每一个重要时间点都作出重要指示，提供了根本遵循。党的号召和有力动员，转化成各地各级党组织的战斗力。2020 年 1 月 21 日，G 市市委常委会召开会议。当天，成立 G 市防控疫情工作领导小组。次日，领导小组召开第一次全体（扩大）会议。G 市市委一再强调，坚决听从党中央的统一指挥、统一协调、统一调度。全市各级党组织、党员，响应号召。G 市全面构建疫情防控责任体系，先后发布《关于在防控新型冠状病毒感染的肺炎疫情中发挥基层党组织战斗堡垒作用和党员先锋模范作用的通知》《关于全市各级党组织和党员在打赢疫情防控阻击战中坚决做到"令行禁止、有呼必应"的通知》，向全市基层党组织和广大党员动员、再动员，要求全市 26 万名在职党员回社区报到，在疫情防控工作中

做到"处处带头"。

满负荷，连轴转。G市组织企业开足马力扩大消毒液、口罩、防护服、体温检测设备等疫情防控用品生产，企业、政府、银行等诸多部门单位迅速"拧成一股绳"，将更加充足的医疗物资源源不断地送往防控一线。防控的力量来自党的组织，正是得益于组织动员之力，党政军民学、东西南北中，各方面积极性被调动起来，凝聚成众志成城的疫情防控合力。

（三）统筹协调、精准施策，展现坚强领导力

G市能否精准施策、科学防控？党的领导如何发挥核心作用？统筹疫情防控，需要强大的号召力、凝聚力、领导力。领导力体现在科学思维、战略决断上。

G市位于"两个前沿"，作为"两个窗口"，是国家中心城市、超大城市，绝不容许有任何闪失。在市委统一领导下，G市专门成立专家组，发挥专家作用，强化科学思维、战略决策。不封城，不封路，更不"劝返"——这就是G市在疫情防控当初的"官宣"。各级党委全面落实省委"九个全力"要求，做到守土有责、守土担责、守土尽责。

以G市某街区的Q社区为例，该社区包含28个物业小区，居住人口近20万，流动人口密集，疫情防控工作一度非常被动。Q社区新冠疫情防控临时党委成立。党员干部组建社区疫情防控服务队，业主、物管、社区工作者、志愿者等力量被高效发动起来，防控局面迅速好转。

一手抓疫情防控，一手抓复工复产，也是G市党委和政府对精准施策、领导能力的考验。疫情带来的问题是多方面的，有的企业招工难，有的企业缺资金，有的企业要拓展，有的企业要"转型"。G市按照"一厂一小组"的原则，由市发改委、工信局、市场监管局以及各区企业党员组成的"驻点工作小组"，每天驻扎在G市的防控物资生产工厂，为的就是协调解决企业的问题，帮助企业扩产转产，保障防控物资供应。各区党委花更大力气、投入更多精力，为各类企业复工复产提供支持服务[20]。

（四）筑牢战斗堡垒，激活抗击疫情的强大执行力

疫情发生后，G市始终把人民群众生命安全和身体健康放在第一位，充分发挥各级党委的政治核心作用、基层党组织的战斗堡垒作用和广大共产党员的先锋模范作用，彰显了强大的执行力。

G市社区党组织是党在社会基层组织中的战斗堡垒，是党的全部工作和战斗力的基础。"战斗堡垒"是疫情防控的支撑点，面对疫情大考，社区是联防联控、群防群治的第一线，也是复工复产的第一线，是确保防控各项措施落实到位的关键阵地。

第一，突出"实干"能力。在疫情防控工作中，G市突出重点、统筹兼顾，分类指导、分区施策，把防控的各项工作抓实、抓细、抓落地。

第二，突出"真干"能力。在疫情防控工作中，G市在"真"字上下功夫。一是真情，以恒心守初心、用生命担使命，带着对人民群众的感情全力抗击疫情。二是真做。在疫情防控一线组建党员突击队、打造党员示范岗、成立临时党支部，从摸排人员情况、宣传防疫知识到公共场所消毒等，有危险的地方就有共产党员的身影。广大党员义无反顾、履职尽责、敢于担当，使疫情防控的大网越织越密、越织越牢。

第三，突出"快干"能力。在疫情防控工作中，G市疫情防控体现在防控体系和治理能力方面。各级党委和政府同时间赛跑，与病魔较量，坚决遏制疫情蔓延势头，坚决打赢疫情防控阻击战。在市委领导下，各级党组织闻令而行，打破常规，以"战时思维、战时机制、战时状态"，科学谋划防控措施。近三年的防控中，全市社区共成立6593支党员突击队，精准掌握每一个单位、每一个社区、每一个乡村、每一个居民的信息，确保防控工作快速有效。充分发挥大数据、互联网作用，提高舆情发现力、研判力、处置力，及时动态清零。

四、新时代基层社会治理能力建设研究

（一）聚焦党建引领，赋能基层社会治理体系

基层社会治理秉持"共建、共治、共享"的原则，充分发挥党建引领作

用，围绕社区居民日益增长的美好生活需求的困惑点、利益冲突的交织点、现实矛盾的多发点，提升基层社会治理能力。

1. 建构党委领导、政府负责、简明高效的街居治理体系

街道是基层社会治理承上启下的关键枢纽，社区居委会是基层社会治理重要阵地。G市进一步明责、赋权、扩能、增效，建构党委领导、政府负责、简明高效的街居治理体系，确保街居职能清晰、权责分明、运行协调、保障有力。

在街居治理能力建设着力点，用好"加减乘除"四法。

在加强基层疫情防控、社区治理与社区服务方面，用好"加法"。

在规范属地管理权责上用好"减法"，改革不合理、不科学的政策和制度，减轻基层社区工作的负担和压力，努力构建简明高效的基层治理体系。

在增强街居治理成效上做好"乘法"，明确街道职能定位，突出街道党工委统领协调功能，切实将街道工作重心转移到社区党建、经济发展、社会服务、公共安全、基层治理上来。建立形成"街呼居应、自上而下、由下而上、横向互动"治理格局，街与居、居委与社会组织，多元参与、"五工"联动，通过服务，解决困扰社区、居民需求的重点、难点问题。

在推进街居减压上用好"除法"。健全完善街居绩效考核评价体系，建立依件问责制度，对玩忽职守、阳奉阴违所引发的问题，视情节轻重进行综合分析研判，分清主体责任、协助责任和法纪法规责任进行追责。推进基层治理现代化，需要建立起街居参与度更高，并将法治、德治与自治更好融合的民主议事制度，通过协商来寻求最大公约数。在协商的框架内，考虑不同利益群体，让他们不同的诉求都有表达的空间，有沟通的渠道，这为最大程度上达成共识创造了条件[21]。

2. 赋能基层社会治理，探索党建引领的街居增能新路径

充分发挥基层党组织优势，以支部政治化、居民组织化、人才聚集化、发展融合化、治理精细化为抓手，不断探索街居治理新路径，提升基层治理的成效。

赋能作为新时代街居社会治理智能化的重要途径，可以促进物理空间和信息空间的深度融合，从而激发基层社会治理的创新活力。

第一，赋予街居科技创新能力，实现基层治理的"智治"目标。街居党

政干部，面对错综复杂的国际形势、艰巨繁重的国内改革发展稳定任务特别是新冠疫情严重挑战，必须开拓创新，奋发有为，才能战胜各种风险与挑战。科技创新能够突破传统治理理念的桎梏，为基层社会治理体系创新注入更大能量。

第二，赋予街居信息预测能力，提高基层社会治理的精准性。信息预测能力是具备利用计算机了解和获取信息的能力，包括能为不同目的选择最佳的获取信息的渠道，了解各种信息资源系统和鉴别信息的价值，掌握获取未来信息和存储信息的基本技能。

第三，赋予街居创新治理模式，提升基层社会治理效率的能力。随着党建引领基层治理、街道综合管理体制改革、社区网格化管理不断深入，社区治理能力建设与社会组织不断发展，社区居民参与的多元共治模式不断创新，街道办通过各社区"服务网格"，发布社区治理服务活动，街居党员干部和网格员在线上发布活动预告并邀请居民自愿报名参与。这样就能够把居民关注的问题作为基层治理的出发点和落脚点，重点处理居民诉求、群防群治和社会服务等方面，提升基层治理数字化、智能化水平，提高公共服务效能，让数据多跑路、居民少跑腿，打通服务群众最后一米距离。实践证明，网格化治理实现了由"条块分割"向"整体联动"，"碎片管理"向"系统治理"转变，呈现出基层治理层级提升和治理重心下放、党员干部作风提升和居民投诉减少、基层治理能力提升和社会运行成本下降的良好局面，从而突破了过去因问题的偶发性、不规律性和模糊性而导致无法精准发现问题的局限，进而提高了基层社会治理的高效性。

（二）创新基层社会治理的社会工作发展路径

基层社会治理与社会工作具有多维度的耦合性，社会工作是推动基层治理现代化和社区服务高质量提升的重要手段和实现路径，基层社区治理平台又是推动社会工作深度发展的重要阵地。第一，推动社区服务领域多层面的深入。在新时代，社区居民日益增长的美好生活需要和不平衡不充分的发展之间的矛盾凸显，社区高龄独居长者与青少年的需求大不一样，这就要求社会工作者在开展专业服务时，考虑社区服务对象的不同需求，运用不同的社会工作方法，进一步强化社区各部门、企业、社区互融互通的意识。第二，实现社区新服务空间打造。进入新时代，中国社会工作在基层治理中大有作为，不断拓展服务领域，如新业态就业服务、共同富裕、乡村振兴、疫情防控等领域的社会工作服务，已充分说明社会工作在很多方面是堪当大任的。因此，社会工作要以需求为本拓展社区公共服务空间。社会工作者立足于社区，围绕社区文化生活、环境保护、生态建设、社区养老、社区照护、幼儿托管等服务需求，链接社会公益资源，设计和创建以社区文化传承、自组织培育、居民协商议事等为目的的社区服务，以促进社区居民形成自我组织、自我管理、自我服务的意识。

参考文献

［1］龚维斌.加强和创新基层社会治理［N］.光明日报，2020-09-18.

［2］HENDRIKS F. Understanding good urban governance：Essentials，shifts，and values［J］. Urban Affairs Review，2013：56.

［3］PURDUE D. Neighbourhood governance：Leadership，trust and social capital［J］. Urban Studies，2001，38（12）：2211-2224.

［4］BOVAIRD T. Beyond engagement and participation：User and community coproduction of public services［J］. Public administration review，2007，67（5）：846-860.

［5］HANKLA C，DOWNS W. Decentralisation，governance and the structure of local political institutions：lessons for reform［J］. Local Government Studies，2010，36（6）：759-783.

［6］MOLDEN O，ABRAMS J，DAVIS E J，etal. Beyond localism：The micropolitics of local legitimacy in a community-based organization［J］. Journal of Rural Studies，2017，50：60-69.

［7］GUNDELACH B，BUSER P，KÜBLER，DANIEL. Deliberative democracy in local governance：the impact of institutional design on legitimacy［J］. Local Government Studies，2017，43（2）：1-27.

［8］吴志军.社会中介组织：中国行政改革的新思路［J］.人大建设，2002（2）：46.

［9］张艳国，等.十八大以来我国社区治理的新常态［J］.社会主义研究，2015（5）：103-109.

［10］贾凯.新型城镇化背景下城乡结合部社会治理问题研究［J］.理论导刊，2014

（3）：10 - 13.

[11] 李增元. 基础变革与融合治理：转变社会中的农村社区治理现代化 [J]. 当代世界与社会主义，2015（2）：164 - 170.

[12] 李春华. 城乡社区治理的三个关键词 [J]. 人民论坛，2017（S1）：33.

[13] 李忠杰. 城乡社区治理需要什么样的思路 [J]. 人民论坛，2017（S1）：24 - 27.

[14] 田毅鹏. 农村社区治理能力现代化的新取向 [J]. 政治学研究，2018（1）：111 - 114.

[15] 唐燕. 新冠肺炎疫情防控中的社区治理挑战应对：基于城乡规划与公共卫生视角 [J]. 南京社会科学，2020（3）：8 - 14 + 27.

[16] 陈荣卓，刘亚楠. 中国社区协商治理的制度转型与创新发展——基于2013—2015年度"中国社区治理十大创新成果"的案例分析 [J]. 华中师范大学学报（人文社会科学版），2020，59（1）：24 - 34.

[17] 张帆. 乡村振兴背景下城乡社区政策的两歧与合一 [J]. 学习与探索，2021（02）：42 - 47.

[18] 赵秀玲. 中国城乡治理的升级再造 [J]. 东南学术，2021（5）：54 - 67 + 246.

[19] 习近平. 中国共产党领导是中国特色社会主义最本质的特征 [J]. 求是，2020（14）.

[20] 谢建社等. 当代中国社会工作研究热点及其趋向——基于 Citespace 的可视化分析 [J]. 江汉学术，2020（5）：29 - 39。

[21] 谢建设等. 新产业工人阶层党建社会工作路径探索 [M] // 郭稳才. 中国开发区工会：第四十一辑. 北京：中国华侨出版社，2021：26 - 28.

作者简介

谢宇，华南理工大学社会工作研究中心副教授、社会学博士，硕士生导师，主要研究领域：发展社会学、社会工作与人口流动。

社会工作嵌入社区治理体系现代化的路径探索

——从"三员"说起①

谢建社

社会工作作为社区治理创新的专业力量，不仅是社区治理创新的重要内容，也是提升基层治理水平的重要策略，是中国式现代化中高质量发展根本任务。广州市荔湾区 ZQ 社工站，在参与街道社区巡逻过程中，坚持数年来如一日，每周至少一次参与街道组织的辖区公共场所巡视工作，整治社区环境，营造干净整洁卫生的文明家园，将社会工作专业力量不断融入社区治理实践。社会工作者在参与社区治理过程中承担着由巡视员到调查员再到服务员等多重角色。

一、社区治理中的巡视员

社区是社会治理的基本单元。社区治理事关党和国家大政方针贯彻落实，事关居民群众切身利益，事关城乡基层和谐稳定。这就需要提升社区治理法治化、科学化、精细化水平和组织化程度，推进社区治理体系和治理能力现代化。坚持以基层党组织建设为引领、政府治理为主责、居民需求为根本、改革创新为动力，健全体系、整合资源、增强能力，完善社区治理体制，把社区建设成为和谐有序、绿色文明、创新包容、共建共享的幸福家园。

实践表明，社工参与街道开展社区治理专项巡视巡察有利于发现辖区管

---

① 本文系教育部高等教育司课题《青少年社会工作课程改革与实训案例库建设》（220406397261319）、广州市社会科学规划课题《广州流动人口治安防控体系研究》（2020GZYB09）阶段性成果。

理中的突出问题，有利于整治社区环境问题，如脏乱差现象、摆摊设点、占道经营等。因此，需要巡视巡察，整治环境。社会工作者在参与街道治理过程中，充当巡视员的角色。一是配合街道社区治理工作，巡视巡察社区市容市貌情况。二是发现社区治理问题，进行科学分析。三是制订社区治理的行动计划，解决巡视过程中发现的问题。

二、社区治理中的调查员

在社区治理的调研中，我们社会工作者有喜悦、感动的经历，更会有对社会的反思与感悟。社工有机会参与社区治理的巡视工作，应该把握好这个机会，深入社区，了解社区治理状况，做好社区调查。这时，社工的角色是调查员。在社区，有党建工作，即社区内党员活动、党组织建设；也有关心社区下岗、失业人员的再就业工作；还有民政、城管卫生、经济、综合治理等调查内容。民政工作是要了解低保、低收入群体生活情况。城管卫生工作是要查处社区内的小广告、乱搭乱建、摆摊设点问题。社区经济工作是要了解和联动社区内的个体、私营、集体和国有企业公司。综治是负责社区内邻里纠纷的调解工作。

三、社区治理中的服务员

社会工作嵌入社区治理体系的重要职能就是服务，社会工作者此时的角色是服务员。一方面，社会工作通过多元自治模式统筹各部门，整合社区资源为居民提供多项服务，满足居民在社区的教育、医疗、法律、生活等各方面的需求。另一方面，社会工作在政府和社区居民之间起着很好的桥梁沟通作用，打通了政府与社区居民的最后一米，准确反映居民诉求，宣传社区有关的政策，实现社区的治理与服务目标。专业社会工作嵌入基层社区提供专业服务，其进入社区的方式由人才、岗位嵌入，到项目制的社区服务，再到制度化的乡镇（街道）社工站建设，社会工作已经成为基层治理体系和治理能力现代化不可或缺的组成部分。

（一）运用社会支持理论开展多元化服务

经调查发现，由于文化差异，来自不同地区、不同国家的社区居民在理解社区政策、制度等方面也存在差异，这对社区治理造成了很大阻碍。因此，社会工作者在提供服务时，运用社会支持理论，理解并认同社会多元文化的本质，深入了解社区居民的民族、性别、年龄、婚姻状况、政治理念、宗教信仰或身心压力状况，提供有针对性的专业社会工作服务，可以提升居民对所居住社区的认同感，促进整个社区的和谐发展。

社会支持理论认为，社会支持网络反映的是个人与其生态环境中其他系统之间的关系状态。一个人所拥有的社会支持网络越强大，就能够越好地应对各种来自环境的挑战。我们在社区巡视时发现一个阿叔在大路边摆摊，经调查得知，阿叔由于失业，靠摆摊为生。这时，社工的重点在于帮助阿叔了解社会政策，建立社会支持网络。一方面，社工为阿叔找到营业点，并为阿叔进行营销技能培训；另一方面，社工为阿叔链接社会资源，让更多有需要的人购买阿叔的商品，进而提高了阿叔的社会支持网络的效能。

（二）运用社会增能理论培育社会组织

将社会组织的力量动员起来，引导社会组织参与社会治理，是中国式现代化进程中社会工作高质量发展的要求。社工通过赋权增能培育社会组织进入社区参与治理，更是对本土特色社会治理的探索。通过对社区居民在政治层面的制度增能、社会层面的合作增能、个体层面的授权增能，进而激发社会组织内在潜能，助力社会组织积极投入社区治理过程，从而发挥社会组织的功能，与政府职能形成有益互补。政府借助赋权增能路径，可以激活社会组织内生发展动力，参与社区治理，促进社区治理体系与治理能力的现代化。

作者简介

谢建社，社会学博士，广州大学公共管理学院教授，博士生导师；主要研究领域：流动人口与城乡融合、风险社会与危机管理、城市社会发展与农民工问题、社会建设与社区工作、社会转型与社会治理研究。

高质量发展中的基层社会治理体系建设研究

——基于 HS 街社工介入城市更新的案例分析[①]

唐艳茹　黄碧莹

党的二十大报告指出，高质量发展是全面建设社会主义现代化国家的首要任务。这一伟大任务的落脚点在基层社会治理的过程中，且为拓展新时代我国社会治理体系与治理能力现代化提出了更高的要求，为社会治理理论研究、规划编制、体制创新、力量部署、资源保障划出了重点。可见，基层社区治理在高质量发展全局中有着重要地位，基层社区治理能力的提升，可以为切实巩固发展基础、夯实党的执政根基提供强有力的支撑。[1]

一、HS 街拆迁安置过程中面临的基层社会治理问题

基层社会治理是在党的领导下，由政府负责组织社会力量为社区居民开展的民生保障、公共服务、共同富裕、矛盾调解以及创造平安和谐舒适生活环境的活动。基层是社会治理重心，也是国家治理体系中的一个层级。

正如习近平总书记所指出的，社会治理工作最坚实的力量支撑在基层，经济社会发展与民生最突出的矛盾和问题也在基层，必须把基层治理作为长远之计和固本之策。

然而，在高质量发展背景下，城市更新项目中形成了大量的拆迁安置社区，成为基层治理所要面对的社会情境。笔者就 HS 街社区拆迁安置过程中的治理情况进行了调研，通过访谈和实地观察，分析研究社会工作是如何运用

① 本文系国家社科基金课题《新时代基层社区治理体系建设研究》（21BHS20）阶段性成果。

专业方法，推行"移居到宜居"实务模式，探索城市更新的治理路径的。

　　HS 街位于广州市黄埔区南部，总面积为 9.7 平方千米，设有 6 个社区，常住总人口 28987 人，户籍人口总数为 18553 人，外来人口总数为 13469 人。[①] S 社区辖下共有 3 个自然村、5 个经济社，户籍人口 5407 人。居民民风淳朴，村民对宗族文化认同感强，2022 年 S 社区大面积拆迁，居民大部分搬到 HG 大街居住，原来的外来人员都已经搬出 S 社区。该社区大部分房屋及配套设施陈旧，政府在改善社区居民的生活质量与居住环境的过程中，面临着以下治理难题。

（一）多方力量共同参与基层社区治理的意识有待提高

　　S 社区是"农转居"社区，市民意识较为淡薄。一方面，社会力量参与基层社会治理的意愿较弱，虽然社区多数居民表示愿意参与社区公共事务，但是从实际参与情况来看，真正参与社区活动中的人数占比很小。另一方面，社会力量参与主体结构不合理，由于新移居社区的中老年人年岁较大，且多数已退休，因而空闲时间较多；青少年则由于工作、学业较重，空闲时间较少，因此在基层社会治理人群中，中老年人占比较大，青年人比重较小。社工站 2022 年需求调研访谈发现，S 社区不少移居居民对参与社区活动处于观望状态。辖区内大部分党员对于成为党员志愿者意愿比较强烈，特别是青年党员参与社区服务的意识较强。因此，急需推动社工站党支部的建设工作，发挥党建引领的作用，提升社区参与意识，整合多方力量共同参与社区治理。

（二）社区服务水平不高致使基层社区的凝聚力有待提升

　　社区服务是城市基层社区治理的第一步，社区服务专业性与社区需求不匹配，移居居民自治主体意识薄弱，容易催生新的治理问题。[1]旧城改造过程中，S 社区 4 个经济社融合安置，居住环境和邻里关系的变化较大，娱乐设备陈

---

　　① 辖区总人口一般指常住在本辖区内的总人口数据，包括居住在辖区内户籍人口和居住满半年的流动人口，不包括户籍在辖区内，居住在 HS 街以外其他地方的人口。因为户籍人口中出现户口空挂情况，所以户籍人口数与流动人口数之和大于常住总人口数。

旧，休闲活动和社区公共空间并不多，导致移居居民对社区的认同感和归属感不强。据新移居民反映，移居新社区没有老家住得舒服，家里老人有些难适应。

> "拆迁（即临时安置）之后，我妈妈没农活干，又不会使用智能手机，她找不到同伴儿聊天。过去有些大的活动，现在因场地受限也无法举办。"（访谈对象为移居居民）

当社区不能提供专业的精细化的服务来满足安置区居民多样化的需求时，自然降低新移居人员社区共同体的归属感，影响社区凝聚力形成。

（三）美好生活需求与经济发展的匹配度有待调整

在城市基层社区治理体系的建设过程中，大量的资金和配套机制是十分重要的物质保障。HS 街 S 社区区位良好，集体经济较强，自然、人文景观丰富，社区企事业单位资源丰富，经济发展后劲充足。但是 S 社区市容市貌破旧，生活环境的品质落后于地方社会经济发展，新移居民有强烈追求美好生活的意愿，城市更新项目成为他们凑集社区建设资金的出路。启动改造前，S 社区经济联合社尊重居民意愿，集体提出改造需求，并通过村民议事会投票达成改造共识。

（四）利益冲突下多元主体的协同治理有待推进

社区治理需要建立有序参与的社区秩序，统筹不同的利益关系，而多元化利益对城市基层社区治理的挑战不容忽视。[2] 在 S 社区旧城改造过程中，社区居委会（经济联合社）、房地产开发商、物业管理团队、本异地居民、房东与租客等利益诉求不同。多元的治理主体间容易因彼此利益间的矛盾产生利益冲突[3]。S 社区作为"农转居"社区，本地居民社会交往中携带的浓厚乡土情感被旧城改造所淹没，这时的利益冲突已不再是传统的婚姻伦理、邻舍纠纷[4]。最终结果损害居民个体及公共利益，必然导致城市多元主体协同治理效果大打折扣。

综上所述，移居居民在搬迁安置过程中因多方面利益冲突，以及生活上的调整和未知因素带来的不安全感等，导致他们面临社会关系适应、心理文化适应和生态环境适应等问题。

二、S 社区治理的经验与总结

（一）S 社区拆迁与安置过程比较顺利

S 社区拆迁安置大约经历三个阶段。第一阶段，从原居住地迁出剥离阶段；第二阶段，在集中安置区迁入适应阶段；第三阶段，在新的城市规划区居住融入阶段。现阶段拆迁工作全村有 97% 的签约率，其中，移居居民 70 岁以上的有 600 多人，60~70 岁之间的有 1450 人，18~59 岁之间的有 4400 多人。S 社区拆迁安置是从 2018 年开始的，2019 年拆迁，2020 年通过区级审核，2022 年批复开建，2023 年安置交付，2024 年回迁。

（二）领导重视，群众满意

S 社区基层治理现状的关键点和亮点，在于设立临时安置区、引入集体物业、股东分红高、复建区楼层饱和等方面。

首先，领导重视，分区安置。HS 街道领导高度重视，多次开专题会议研究，通过"政府＋社会力量"的方式，设立临时安置区。结余的临迁费提高了居民的动迁信任度和意愿度。

> 社区力量强，村班子发挥作用，（搬迁是在）新旧两届班子交替背景下推进的。（访谈对象为拆迁办负责人）

> 经过群众集体表决，以孩子上学便利、生活质量改善、老人家居住有保障为出发点，刚好村里有黄岗大街临时闲置区可提供给居民居住，在临迁费有结余的背景下，物业管理有序高效，临时维修及时，再加上别的地区没有本社区临迁费用高。如居民外出租屋租金才 12 元，现在给到他们的临迁费是 38 元，个人纯赢利有 26 元。居民因此信任度高，愿意动迁。（访谈对象开发商岑董事）

其次，安置区设在村内，居民办事方便。街道办整体安置集中且人性化管理，引进诚信度高的物业，居住环境安全。

物业和出租办设立在安置区，居民办事方便，遇到问题可随时找居委（会）、物业对接跟进。该区管理高效且居民日常生活出行安全便捷。（访谈对象为拆迁办负责人）

临时安置区生活情况，报警案件下降百分之七八十，居住地都是当地人，发生违法犯罪事件少。居民活动区域小、封闭性高，（周围为）熟人圈层。本地人素质高，居住安全性高，并且安置区犯罪率低。此外还有监控全覆盖，临时安置区是一个不错的安排。例如老人家本来一个人住，现在给予集中安置，（她）本人到外面是很难租到房的，现在不仅享有临迁费又有房子住。（访谈对象开发商岑董事）

最后，复建区楼层饱和，基础设施完善。复建区在 2021 年开工，其中两栋楼即将封顶竣工，剩余六栋楼在建。复建区共开发 1488 套房，供 1200 多户居民摇号挑选，并且各种基础设施完善。

我们的复建区是 2021 年开工的，两栋楼正在封顶，六栋楼在建设中。保证 SG 全体居民有房子住，SP 迟些享有。2023 年 10 月份封顶，半年装修后，预计 2024 年 5 月交楼，6 到 7 月份开始验楼，共有 1488 套楼房供 SG 居民 1200 多户摇号挑选，复建区呈现饱和状态，并且各种设施完善，像小学、游泳池、花园、健身房等配套都俱全。（访谈对象为拆迁办负责人）

（三）居民自发参与，建立拆迁自治组织

根据各社区居民需要，由个人联系拆迁公司，自发拆迁，减少安置的沟通成本，推进工作进度。

居民自己就是拆迁公司，自己的房子自己拆，我们村委（会）不用管，他们自己发起动迁、自己组成拆迁公司、自己动拆。（访谈对象为开发商岑董事）

可见，在 S 社区基层治理的过程中，社区居民的服务需求明显得到解决。表现在移居居民安全感、幸福感提升，心理关爱机制建立；社会融入状况改善；衣食住行基本生活问题的解决路径和反馈通道建立；文化娱乐得到丰富，传统文化节日和乡情的延伸空间得到营造。

三、高质量发展中的基层社会治理机制创新

（一）建立党建引领下多方协同治理机制

HS街S社区"三个平台"夯实城中村防控基础。一是搭建社区网格党建平台。延伸党组织触角，发挥社区党员和经联社干部职工的作用，多方力量联动，构筑应急"一线堡垒"，2022年共进行86次大型核酸检测，参与核酸采集工作的居住地党员、志愿者达3100多人次，合计采样近30万人次，筑牢了社区一线"抗疫长城"。二是充分利用志愿者平台。以8支党群服务志愿队为基础，充分发挥党员的示范带头作用，11次开展"防疫抗疫"方面的主题活动，通过发放宣传手册、派送宣传单张、入户宣传讲解等多种形式，宣传疫情防控"应知应会"知识，引导居民群众自觉做好联防联治工作。三是努力构筑群体免疫屏障。党委书记带头、班子成员挂点、党员干部分片包干，60岁以上老年人接种疫苗任务完成率超过95%。四是提供构建平安社区的安防保障。2022年制定了《S社区安全生产管理办公室分工安排》，配备专业人员对消防安全工作进行专项整治，把消防安全事故发生率降到最低。一方面是对各类企业及"三小"场所消防安全进行检查，全年共检查286家，并对其中4家重点企业重点排查。另一方面是及时发现燃气安全隐患共141处，并已全部完成整改。

疫情期间，拆迁安置过程中，街道领导班子联动多个职能部门，发挥社区网格党建服务平台作用，为S社区移居居民搭建安全防疫和消防安全屏障。

（二）建立深入人心的宣传传导机制

由于征地拆迁对象对社区建设和城市更新中的有关情况及其重要性、必要性往往认识不足，征地拆迁又要马上直接触及其切身利益，许多居民没有征地拆迁的经历，对征地拆迁政策又缺乏了解，难免产生一些抵触情绪。如何使他们较快较好地接受这个现实，做好宣传解释工作就显得极为重要。以

民为本、接纳尊重、耐心倾听、冲突协调是拆迁安置沟通环节要遵守的重要工作态度和方法。

动迁的过程也是最直接接触居民的服务过程，优秀的社区能人、骨干和村（社）干部一户户地先动起来，从而带动其他居民，逐渐吸引更多居民加入动拆行动。拆迁安置过程涉及土地规划、学校安置、文物保护、体育休闲设施、交通设施、排污系统、环境噪声等多方面，各个环节层层相扣，除了个人、集体、社会等利益冲突协调外，需要面向社会面宣贯，基层干部身体力行去解释、去谈判，去与居民沟通，安抚居民。遇到无法协商的情况，个别问题个别化处理，也有专门的律师团队在，为居民提供法律保障。

（三）建立集中安置区，采用人性化管理机制

在疫情期间，居民在集中安置区的安全感有所提升，集体物业及时解决安置区居民的生活难题，交通便捷有序，保留了传统非遗文物和节庆日丰富的文娱活动，盗窃等犯罪案件发生率降低，形成了和谐安定的社区氛围。

> 以民意为主，民意不行，怎么都不行。我们动迁没什么艰难的，你不想迁的，我们也不强制。宅基地没必要动就不动。集体、村民觉得好了就会动起来，慢慢来，一切以集体和村民的利益为第一位。（访谈对象为开发商岑董事）

> 针对困境长者（免费）安装扶手，就是在长者家安装无障碍设施。（访谈对象为动迁居民）

> 房子出现小问题，村民出材料，企业免费维修，像修管道、墙面等，还不定时免费发放一些防鼠防虫药品。（访谈对象为物业代表）

> 拆迁本来是自行解决居住（问题）。现在刚好有 HG 闲置区，经过修缮改造，再租给本村（移居）居民居住，村民以家庭为单位租下楼层。要保证动迁居民有房住，临迁费有盈余，我们在安置区引入物业管理进行基础设施维修，更好地为居民服务。（访谈对象为拆迁办负责人）

通过资源整合，盘活社区闲置的地产资源，为移居居民提供临时安置区，并进行人性化的服务管理，改善居住环境，提升安全感和幸福感，推动社会融入。

（四）建立社会工作服务介入机制

社会工作在基层社区治理中发挥了一定的作用。社工深耕社区，贯彻"安全·发展·参与"主题，通过社工站服务平台，来推动移居居民的社区适应和社会融入进程，构建"安全、友好、参与"型社区，整合辖区多元主体及人、文、地、产、景资源，逐步落地"安·居""安·乐""安·享"计划，实现"共建、共治、共享"的社会服务治理格局。

1. 构建生理心理安全帮扶机制提高安全感

通过"安·居计划"提升移居居民在衣食住行方面的安全感，回应居民在生理、心理等方面的健康与适应需求，推动安全型社区建设。

2. 构建社会文化适应融入机制提升归属感

通过"安·乐计划"提升移居居民生活的幸福感，回应居民在家庭、邻里、社区等方面的融入感和归属感需求，推动友好型社区建设。

3. 构建社区营造参与治理机制促进获得感

通过"安·享计划"联动多方资源，提升移居居民社区治理的参与度，回应居民在社区拥有价值感和获得感需求，推动参与型社区建设。

参考文献

[1][2] 黄晓星，蔡禾. 治理单元调整与社区治理体系重塑：兼论中国城市社区建设的方向和重点[J]. 广东社会科学，2018（5）：196-202.

[3] 潘博. 党建引领城市基层社会治理的运作逻辑与实践路径研究[D]. 长春：吉林大学，2020.

[4] 叶耀华. 地区发展模式下拆迁安置社区居民社区意识的培育研究[D]. 广州：华南理工大学，2021：346.

作者简介

唐艳茹，研究生学历，广州粤穗社会工作事务所红山街社工站副主任，初级社工师。

黄碧莹，中级社工师，广州粤穗社会工作事务所南华西街社工站主任。

社会工作实务案例

党建引领社会工作服务

"CQ 军民心连心，双拥之花绽放情" 军民共庆建军节活动

谢建社　舒　慧

一、服务背景

"八一精神"，是中国共产党在探索独立领导武装斗争和创建革命军队的同时产生的革命精神。它既与中华优秀传统文化一脉相承，是赣文化的丰富发展；又启始了井冈山精神、长征精神和延安精神。我们生活在和平幸福的年代，更应该弘扬"八一精神"，在拼搏奋斗、勇往直前中绽放青春绚丽之花。

中国人民解放军建军 96 周年来临之际，为更好地增强 CQ 街道各居委退役军人的荣誉感和归属感，CQ 街社工服务站拟联合 CQ 街道退役军人服务站开展"CQ 军民心连心，双拥之花绽放情"军民共庆建军节活动，以居委为单位联谊进行队列风采展示和拉歌，进一步传承拥军优属优良传统，弘扬优秀军旅文化。

二、服务理论框架

"八一精神"源自伟大建党精神，形成于南昌起义血与火的实践。1927年大革命失败后，中国共产党发动了震惊中外的南昌起义。习近平总书记在庆祝中国人民解放军建军 90 周年大会上讲话中指出："1927 年 8 月 1 日，南昌城头一声枪响，拉开了我们党武装反抗国民党反动派的大幕。这是中国共产党历史上的一个伟大事件，是中国革命史上的一个伟大事件，也是中华民族发展史上的一个伟大事件。"伟大的革命实践必然产生伟大的革命精神。

"八一精神"体现了"坚定信念、听党指挥，为民奋斗、百折不挠，敢为人先、勇于创新"等丰富内涵，是党独立领导武装斗争和创建人民军队历程中弘扬伟大建党精神的结果，是共产党人精神谱系的重要坐标，是实现中华民族伟大复兴的强大思想武器和精神动力。"坚定信念、听党指挥"，"八一精神"是党在开启中国革命新纪元中，赓续伟大建党精神的丰碑。

在中国共产党领导下发动的南昌起义，打响了武装反抗国民党反动派的第一枪，用血与火的语言，宣告了中国共产党人不畏强暴、坚持革命的坚强决心。习近平总书记2017年8月1日在中国人民解放军建军90周年大会上指出："南昌城头的枪声，像划破夜空的一道闪电，使中国人民在黑暗中看到了革命的希望，在逆境中看到了奋起的力量。南昌起义连同秋收起义、广州起义以及其他许多地区的武装起义，标志着中国共产党独立领导革命战争、创建人民军队的开端，开启了中国革命新纪元。"人民军队创立伊始形成的"八一精神"，体现了"崇高的理想，坚定的信念，是中国共产党人的政治灵魂，是人民军队的精神支柱"，与伟大建党精神中的"坚持真理、坚守理想"一脉相承。

心有所信，方能行远。从南昌起义打响"第一枪"到"朱毛会师井冈山"，都是在党领导下进行的，体现了广大起义军官兵坚决服从党的命令和铁心跟党走的信念。

三、目的与目标

（一）服务目的

通过以居委为单位联谊进行队列风采展示和拉歌，进一步传承拥军优属优良传统，弘扬优秀军旅文化。

（二）服务目标

目标一：加强对优秀军旅文化的认同感。
目标二：提升退役军人的社区归属感。

四、服务流程

流程安排

阶段（时间）	事项	流程及内容	所需物资	负责人
8月1日 9:30 前	签到	志愿者在签到处为参与人员指引签到、入场	签到表、签字笔	
8月1日 9:30—9:35	开场	主持人开场说明本次活动开展的目的、流程以及介绍出席的人员	活动主持稿	
8月1日 9:35—9:40	领导致辞	邀请出席活动的领导为本次活动致辞	/	
8月1日 9:40—9:50	重温入党誓词、军人誓词	CQ 街道退役军人服务站叶主任带领全体党员一起重温入党誓词、军人誓词，大家面向鲜艳的党旗，举起右拳，以铿锵有力的宣誓声，表达不忘初心、牢记使命的信念和决心	党徽、PPT	CQ 街道退役军人服务站、克山社区退役军人服务站、社工服务站社工（主持）
8月1日 9:50—10:00	军民乐队成立仪式	1. 宣布 CQ 街道克山社区退役军人服务站成立军民服务乐队 2. CQ 街道克山社区红棉老兵志愿服务队梁焕明队长上台发言（发言内容：参与本次活动的感受；成立军民服务乐队的想法） 3. 受旗，军民服务乐队王队长上台受旗 4. 军民服务乐队合影	发言提纲、旗帜、手机、背景轻音乐	
8月1日 10:00—10:05	风采展示	CQ 街道克山社区红棉老兵志愿服务队骨干成员进行队列展示，包括：立正、稍息、跨立、间转法、敬礼等内容，以展示志愿服务队的老兵风采	/	
8月1日 10:05—11:15	文艺节目比赛（通过现场投票形式，评出不同的奖项，统一颁发证书）	1. 流花路小学三（五）中队姚同学，脱稿诗歌朗诵《七律·人民解放军占领南京》，背景音乐《我和我的祖国》 2. CQ 街道克山社区红棉老兵志愿服务队梁队长，独唱《骏马奔驰保边疆》 3. 侨苑社区退役军人服务站节目表演 4. CQ 街道克山社区红棉老兵军民服务乐团王队长，手风琴演奏《山楂树》 5. 西站社区退役军人服务站节目表演 6. 区女士，独唱《北京颂歌》 7. 儿童代表蔡同学，吉他演奏《南泥湾》 8. 陈岗社区退役军人服务站节目表演 9. CQ 街道克山社区红棉老兵军民服务乐队李副队长，电吹管演奏《我和我的祖国》	节目表、乐器、麦克风、证书、评比打分表等	

阶段（时间）	事项	流程及内容	所需物资	负责人
		10. 流花社区退役军人服务站精彩节目 11. CQ街道克山社区红棉老兵志愿服务队罗副队长等，双人合唱《十五的月亮》 12. 站西社区退役军人服务站节目表演 13. CQ街道克山社区红棉老兵军民服务乐队队长，口风琴演奏《我们的生活充满阳光》 14. 何生，手风琴演奏		
8月1日 11:15—11:20	全体合唱	CQ街道克山社区红棉老兵志愿服务队骨干代表合唱《我是一个兵》，社工邀请现场出席的全体退役军人一起参与	PPT演示稿、麦克风、音响、报幕器	
8月1日 11:20—11:28	活动分享与总结	社工带领在场人员回顾本次活动内容并邀请1~2名参与者分享活动感言，志愿者协助派发活动意见反馈表给参与者填写	意见反馈表、签字笔	
8月1日 11:28—11:30	活动结束	拍摄活动大合照	手机、横幅	

五、成效评估

成效评估方法

	评估项	评估指标	评估方法
服务活动评估	参与度	参与率达到90%	通过活动签到表核实参与率
	目标达成情况	1. 本次活动加强了社区居民对优秀军旅文化的认同感 2. 本次活动提升了退役军人的社区归属感	1. 社工观察 2. 问卷调查
	组员满意度	满意率达到85%	抽样访谈及问卷调查
	文档记录	所有的文字记录存档	检查文档记录情况

六、服务预计困难及解决方案

预计困难及解决方案

预计困难	解决方案
由于参与的退役军人是第一次聚集，担心现场气氛不活跃	1. 提前将方案做出来，建立微信群并与各居委退役军人服务工作人员做好对接、沟通 2. 邀请 CQ 街岁月如歌合唱团带来军旅歌曲表演、亲子家庭带来诗朗诵、乐器演奏
活动人数多，场地有限	1. 以党校室为主会场，设置分会场：将 CQ 街岁月如歌合唱团以及居民代表安置在前台后面的宣誓室内 2. 党校室内统一放置胶凳，以容纳较多的人员

七、督导点评

辖区内退伍军人较多，社区居委会高度重视"双拥"工作，服务对象有贡献余热的积极性，社工利用这样的大好环境，在八一建军节期间，开展大型的服务活动，更多的是激励服务对象继续发挥余热，通过志愿者的方式贡献为民服务的伟大力量。"军爱民来民拥军，军民团结一家亲"，唱出了军民深厚情谊，更唱出了社区浓郁的"双拥"花香。社区军民心连心，"双拥"之花绽放情。让我们始终饱含"双拥"感情，大力推动"双拥"工作创新发展，以军民大团结大发展，为中华民族的强国梦、强军梦营造沃土，让社区居民感受到党和政府、社会大家庭的温暖。

作者简介

舒慧，广州粤穗社会工作事务所助理社工师。

党建引领社会工作高质量发展

——红山社工站支部建设开新篇

唐艳茹

一、党建引领社会工作的缘起

近年来，社工站以党支部为统领，将党建工作、文明实践工作融入社会工作服务的全过程，探索"以党建为引领，以平台为支撑，以项目为拓展"的发展新路。

红山街道党工委认真落实中央和省、市、区委决策部署要求，全面贯彻落实党的二十大精神，以建党精神指引整个街道、社区的各项工作，规范党员队伍，加强基层党支部建设，严格党员教育，强化党员政治自觉意识和服务意识，让"初心"更坚定，"发展"更鲜明。

（一）红山街道高度重视基层党支部建设

2023 年年初，在红山街党工委高度重视和具体指导下，广州粤穗社会工作事务所承接的红山街社工服务站，积极推进站点党支部建设工作，坚持党建引领专业发展，充分发挥党在思想、组织、文化、生活、人才队伍等方面的带领作用，助力社工站党建工作的高质量服务。2023 年 4 月 17 日，红山街道党工委会议研究决定，同意成立中共广州市红山街社工服务站支部委员会，隶属于中国共产党广州市黄埔区红山街道工作委员会。紧接着发布《中共广州市黄埔区红山街道工作委员会文件》即埔红复〔2023〕3 号文，同意成立中共广州市红山街社工服务站支部委员会。

（二）支部建设拉开党建引领社工服务新篇章

2023 年 5 月 12 日上午，红山街社工服务站举行了红山社工服务站支部委员会的揭牌仪式，红山街道党建办主任毛智勇、红山街道公共服务办及双百工程常务副站长张钧出席并致辞，阐明社工站党支部成立的重要性。广州粤穗社会工作事务所党支部第一书记谢建社教授、副书记隆惠清以及红山社工站党支部党员、红山社工站党员发展对象、入党积极分子和社会工作者们一起参与揭牌仪式，探讨了红山社工服务站党建工作的发展，拓展了党建社会工作的服务内容。

二、主要需求简析

（一）社会各层面爱党聚力共建美好家园

社工在红山社工站服务过程中，通过梳理问卷调查、访谈以及文献分析，发现党建服务的主要需求是：个人意识层面积极向党组织靠近，身体力行践行爱党、爱民、爱志愿服务；家庭层面注重发扬优良的家风，传播修身齐家治国平天下的风尚；社会层面整个街道、社区、党员高度重视和热衷党建工作，重视各党支部以联动来推动社区凝聚力形成，建设美好家园。

（二）扶危助困，参与社区公共问题治理

1. 个人层面

社区党员热衷困难群体帮扶的志愿服务。

从社区党员访谈、居委访谈和过往资料分析中发现，关于做关怀特殊困难群体的志愿者，54% 的被调研者表示"愿意"；关于是否愿意通过捐钱、捐物来帮助特殊困难群体实现微心愿，53% 的被调研者表示"愿意"。大部分党员和社区居民希望发挥自身优势，不少党员通过自己的实践服务群众，能够在参与公益服务中实现自身价值。

2. 家庭层面

好家风建设带动和谐社区建设。

过往资料分析和访谈结果显示，党员和社区居民希望通过社工活动、参观红色基地、网络平台等学习党史知识。学生党员在校期间党史学习机会较多，但践行服务的平台比较缺乏，希望通过具体行动来回应爱党爱国爱家的情怀。在针对社区居委会主任的访谈中了解到，以党建带动团建，以优良家风建设带动和谐社区建设是党建工作的宝贵经验之路。

3. 宏观层面

（1）社区资源的整合力度有待提升。社工在社区观察了解到，辖区爱心企业热衷与社工站合作，关怀社区困难群体，辖区内的学校、社区医院倾向于在志愿服务、自身党组织优势发挥（技术性资源）等方面进行相关合作，如学校倾向提供志愿者等人力资源，医院倾向健康知识宣传、安全讲座、义诊资源提供等方面的合作。

（2）需社区合力参与社区公共问题治理。由访谈结果和文献分析可知，疫情防控期间，急需科学防疫，科学有序带领大家接种疫苗、检测核酸、安全居家隔离、线上心理疏导、线下公益送菜、链接急缺的医药资源的服务，只有街道领导班子、党员先锋、社区骨干志愿者、投身一线的社会工作者一起携手面对疫情，才能应对公共卫生危机。

三、目标及内容

（一）服务目标

街道党工委对社工站党支部的期待和建设方向指引体现在以下 3 个方面：

1. 注重支部建设，夯实支部内功

加强党支部建设关键就是抓好支部班子建设。要选好配强党支部书记，支部书记不仅要党性强，而且还要工作能力强；不仅能出色抓好党务工作，也能为支部培养入党积极分子。

2. 抓住关键环节，不断强化党员队伍素质

强化党员思想政治教育，紧紧抓住思想建设这一灵魂，把学习贯彻习近平总书记系列重要讲话精神引向深入，落实到对党忠诚上，落实到勇于担当上，落实到严格自律上。

3. 加强党风建设，树立党支部良好形象

把党支部作风建设与社工专业服务工作融为一体，引导党员社工和积极要求进步的员工强化服务意识，自觉做到高质量服务，树立良好的社会工作专业形象。

（二）服务策略

发挥多元主体力量，共建共治推动社区治理发展。

2023 年 2 月 8 日，社工站邀请街道领导、驻街企事业单位、社区居委会、辖区相关合作部门领导出席"共建·共治·共享"社区治理路径共创座谈会，总结过去一年社工站的服务成效，展望新一年的计划及亮点打造方向，探索和拓展新一年的服务合作方向及深度，推进辖区服务的精准化、专业化进程。以"安全·增能·发展"为主题，搭建党建引领，"社工＋N"联动，慈善理念护航，多元主体共建、共治、共享的社区治理服务平台。社工站共培育 9 支志愿服务队，发挥邻里互助的力量，联动多元主体（社区居委会、党组织、社会组织、社会团体、志愿者等），帮助社区解决疫情防控、垃圾分类、居家安全改造、早教育儿、移居长者宜居社区营造等方面的问题。

年度主题	问题	主题	领域	策略	计划	服务
安全·增能·发展	慈善的受益面和资源链接程度小	"党建＋慈善＋N"联动	党建	扩大慈善理念宣传面，拓展"社工＋慈善"的广度、深度和力度，"微心愿"系列的打造和深化	慈善义卖活动扩展覆盖面，形成系列	外展摊位、社区义卖
	多元活动待介入	家庭关系融合	家庭	亲子才艺秀家风、邻风、社风	与植树节结合开展大型才艺秀	家庭关系融洽大型活动
	移居环境的营造试点	社区营造	重点	针对移居居民，除了安全主题的基础服务外，还有基础娱乐设施完善，娱乐自组织的建立，家风、邻风、社风的环境营造	老旧健身器材的更新、老旧墙壁的美化	黄岗大街公园墙壁美化

续表

年度主题	问题	主题	领域	策略	计划	服务
	早教家庭教育的宣贯面待扩充	早教知识普及推广	特色	向日葵亲子小屋品牌路径塑造：早教知识的精细化	听、说、读、写、运动等能力的培养和锻炼	篮球赛、外展、出游、音乐感知、皮影戏手工
	社区参与力量和凝聚力待提升	激发社区参与的精神和风貌	志愿者	志愿者培育和管理的专业化路径	志愿者参与移居居民的营造路径	红山街年度志愿者表彰活动、志愿者美食会、团建

（三）2022—2023 年党建引领社会工作服务

活动名称	活动时间	服务内容	服务成效
"我们的节日·国庆"困难党员探访关怀活动	2022 年 9 月 22 日	共探访了 20 位困难党员	让困难党员感受到浓烈的国庆氛围，感受社工站及社区的关怀
"我们的节日·国庆"党史学习与力行活动	2022 年 9 月 26 日	国庆节到来之际，红山街社工计划组织志愿者在社区通过游园方式宣传社会主义核心价值观、党史、国史等知识，让社区居民感受国庆节的节日氛围，并愿意通过实际行动践行爱党、爱国、爱社区，共服务社区居民 50 人次	参加者对社会主义核心价值观、党史、国史等知识的认识加深，并愿意通过实际行动践行爱党、爱国、爱社区，丰富了精神文化生活；感受到国庆节的节日氛围
党建引领社会工作：重阳时节学习党史与力行活动	2022 年 9 月 28 日	重阳节到来之际，红山街社工站计划组织志愿者在航专社区通过游园的形式，宣传社会主义核心价值观、党史、国史等知识，共服务社区居民 50 人次	党员志愿者起到带头模范作用；参加者对社会主义核心价值观、党史、国史等知识的认识加深，并愿意通过实际行动践行爱党、爱国、爱社区；参加者丰富了精神文化生活，感受到国庆节与重阳节的节日氛围
"不忘初心跟党走，慈善为民办实事"红山街慈善义卖活动（第一期）	2022 年 10 月 22 日	通过义卖宣传慈善基金与"微心愿"，让更多爱心人士了解慈善基金与"微心愿"用途，让更多有意愿献爱心的人士进行捐赠与认领"微心愿"，帮扶红山街困境群体，共获赠善款 112 元	党员志愿者起到带头模范作用；参加者的公益慈善意识得到提升；获赠善款 112 元

续表

活动名称	活动时间	服务内容	服务成效
"学习二十大精神，打一场疫情防控的人民战争"动员居民接种疫苗活动	2022 年 10 月 18 日—2022 年 11 月 29 日	通过分批探访宣传新冠疫苗接种的重要性并动员社区长者接种新冠疫苗，除了电话停机、打不通的 44 人，共上门探访 67 人	党员社工及党员志愿者起到先锋模范作用；提高未接种长者的接种防疫认知
"学习二十大，永远跟党走"主题手抄报/征文活动	2022 年 11 月 11—25 日	通过活动引导辖区内居民切实把党的二十大精神学深悟透，在新征程中奋勇向前，永远跟党走，通过手抄报/征文形式学习党的二十大精神，收到 23 份作品，共 731 人次线上、线下参与投票	参与者对党的二十大精神有更深刻的理解
"心系党员，寒冬送温暖"红山街困难党员探访关怀活动	2022 年 12 月 27 日	共探访了 10 位困难党员	让困难党员感受到了浓烈的元旦的氛围，感受社工站及社区的关怀
"寒冬送温暖，党群齐行动"暨怀远物流圆梦困境群体"微心愿"活动	2022 年 12 月 29 日	辖区困难群体的"微心愿"得以实现，困难群体获得情感支持和物质支持，感到党和政府的关心，共 22 位困境群众"微心愿"被实现	通过活动为困境群体送上"微心愿"物资，让困境群体感受到自己的"微心愿"是被重视的，增进了困境群体的社区融入感和归属感
"不忘初心跟党走，慈善为民办实事"红山街慈善义卖活动（第二期）	2023 年 1 月 14 日	通过义卖年花宣传慈善基金与"微心愿"，让更多爱心人士了解慈善基金与"微心愿"用途，让更多有意愿献爱心的人士进行捐赠与认领"微心愿"，帮扶红山街困境群体，共募捐到 6 盆年桔，送给社区困境群体	通过活动让困境群体感受到春节浓厚的氛围，参与者的公益慈善意识得到提升，活动共募捐到 6 盆年桔，折现人民币 300 元整
"党建引领社区情，温情送暖迎元宵"困难党员探访活动	2023 年 2 月 3 日	社工带领党员志愿者探访社区困难党员，让社区困难党员感受到关怀，让志愿者能从党员事迹中提高思想认识，爱党、爱国情怀得以加强，共探访 14 位困难党员	通过活动让社区困难党员感受到社区的慰问关怀，感受到元宵的节日氛围

续表

活动名称	活动时间	服务内容	服务成效
"共建·共治·共享"社区治理路径共创座谈	2023 年 2 月 8 日	邀请街道领导、驻街企事业单位、社区居委会、辖区相关合作部门领导出席"共建·共治·共享"社区治理路径共创座谈会,总结过去一年社工站的服务成效,展望新一年的计划及亮点打造方向,探索和拓展新一年的服务合作方向及深度	推进辖区服务的精准化、专业化进程,以"安全·增能·发展"为主题,搭建党建引领,"社工 + N"联动,慈善理念护航,多元主体共建、共治、共享社区治理服务平台
"巾帼心向党,奋斗新征程"美丽佳人游园活动	2023 年 3 月 7 日	社工组织党员志愿者在社区通过游园方式宣传社会主义核心价值观、党史、妇女权益保障法等知识,共服务社区居民 50 人次	党员志愿者起到带头模范作用;参加者对社会主义核心价值观、党史、妇女权益保障法等知识的认识加深,感受到身心的放松和节日气氛
"奉献爱心,传递温情"慈善义卖活动	2023 年 3 月 18 日	通过义卖宣传慈善基金与"微心愿",让更多爱心人士了解慈善基金与"微心愿"用途,让更多有意愿献爱心的人士帮扶红山街困难群体,共 33 名社区居民参与,筹得善款 158 元	党员志愿者起到带头模范作用;参与者的公益慈善意识得到提升
"缅怀革命先烈,弘扬爱国精神"党史学习与践行活动	2023 年 4 月 3 日	在清明节来临之际,组织社区居民参观红色基地,让社区居民缅怀先烈并感受到清明节传统节日的氛围,愿意用实际行动来践行爱党、爱国、爱社区	参与者了解清明节的重要意义;参与者愿意用实际行动来践行爱党、爱国、爱社区
"以爱之名,圆梦微心愿"慰问困难群体爱心活动	2023 年 4 月 16 日	通过前期公众号征集"微心愿"、认领"微心愿",组织志愿者上门探访困境群体,让困境群体获得情感支持和物质支持,感受到爱心人士与爱心企业的关心	让困境群体感受到自己的"微心愿"是被重视的,增进了困境群体的社区融入感和归属感

续表

活动名称	活动时间	服务内容	服务成效
中共广州市红山街社工服务站支部委员会成立获批	2023 年 4 月 17 日	在街道党工委、红山街党建办主任带领下，社工电访摸查意愿，分社区探访了解实际意愿和资质，动员了 3 名社区退休党员，他们有足够时间，既热心社区事务，又想要推动和加入红山社工站党支部建设中来，为社区治理和服务贡献自己的力量	2023 年 2 月与社区退休党员签订了自愿加入红山社工站党支部筹建工作的知情同意书，介绍关于成立党支部的基本内容、职责等具体事项。2023 年 4 月，社工站副主任及党建服务的对点社工与三位党员充分讨论及投票表决，推选热心党的事业的李继华担任支部书记兼任组织委员

四、实施情况

（一）红山街道社工站发挥党支部战斗堡垒作用

党支部是确保党的路线方针政策和决策部署贯彻落实的基础。红山社工站依托一个党支部、一个书记工作室、一个党建活动室，打造了社工站综合平台服务阵地。社工站按照《中国共产党章程》和《中国共产党支部工作条例（试行）》的有关规定，完善党支部的制度建设。社工站党员社工积极参与站点支部机制建设工作，参考《党支部工作手册》《广州粤穗社会工作事务所党支部管理机制》制定了《红山街社工站党支部工作制度》，针对红山街社工站党支部的管理权限、成立条件、功能作用，围绕其成员标准、组织生活及内容形式、重点任务、党支部职责、党支部书记职责进行考核。

（二）聚焦红色文化落地党史教育工作

社工站党支部围绕学党史、学红色文化，把开展红色基因传承系列活动作为党史学习教育的重要抓手，推动党史学习教育融入常态。社工站结合党史学习开展了系列党建身体力行活动，以及党的二十大主题宣传活动，共有30 多名党员和志愿者（114 人次）参与，服务社区居民 197 人次。

五、社工站党建引领工作的本土化服务成效

（一）党组织发挥堡垒作用，"社、志"联动共创美好家园

按照"党建引领、政府主导、分类施策、市场运作、社会参与、多元共治"的原则整体推进实施扶贫帮困、社区治理方面的工作。一方面，本服务期内"社工＋志愿者"共电访困弱老党员60人次，通过"微心愿"项目、节假日慰问、恒常电话探访等，关心关怀社区居民，共探望、电访社区居民2252人次，其中探望电访兜底、边缘等困难群体1831人次。借助圆梦"微心愿"计划、结对帮扶，以及协同街道党委关心关怀困难党员、低保低收入户、残障人士等，在情感关怀、资源链接、社区互助等方面做好扶贫帮困工作。另一方面，联动各社区居委会主任，共商社区治理的特色路径。发动双沙社区居委、有能志愿者、物业，华南理工大学志愿者，辖区亲子、长者志愿者共同参与公共空间的美化营造；红山街社工服务站在红山街道办事处和广州航海学院党支部的大力支持和指导下开展爱国卫生运动志愿服务；"党建引领'社、志'联动，共创和谐美丽家园"2022年度红山街志愿者表彰大会、"学雷锋，争做最美志愿者"青少年志愿服务活动；"共建·共治·共享"社区治理路径共创座谈会；"奉献爱心，传递温情"慈善义卖活动，"不忘初心跟党走，慈善为民办实事"红山街慈善义卖活动（第一、二期）。以上都是对社区凝聚力共建路径的探索。

（二）搭建党建共建服务机制

2019年至今，社工站与红山街辖区内党组织共签订13份党建共建协议，均为长期协议，共建方分别是：广州文冲船厂技工学校、广州市黄埔区文船小学、黄埔消防中队、广州航海学院信息与通信工程学院党总支、蓝天幼儿园、黄埔区红山街社区卫生服务中心护理站、广东怀远物流实业有限公司、文船社区居委会、航专社区居委会、火电社区居委会、广冶波船社区居委会、远航钢社区居委会、双沙社区居委会。

（三）线上、线下搭建公益慈善平台，助力困境群体圆梦"微心愿"

2023 年上半年，社工站获得爱心企业广东怀远物流实业有限公司的善款 29695 元，用于购买电子琴、电饭煲、电话手表、乐高玩具、运动鞋、厨房置物架、羽绒被等"微心愿"物资共 127 件，为 113 户困难家庭圆梦"微心愿"。线上发布"微心愿"的活动专题积极推动慈善理念的传播。线下结合植树节开展多元义卖活动，募集善款数万元。在党支部共建开展公益服务及党员志愿者服务队培育方面，进一步推进服务主题及服务人群的延续性和深入性，在持续性服务中突出党支部和党员的先锋模范作用。

六、总结评估

（一）对支部建设的评估

坚持党建引领，积极推进社工站党组织建设。2023 年 1—4 月，红山街积极推动社工站的党组织建设。以党建引领社工专业服务，努力打造可靠、可信、可用的社工队伍，更好地践行为民服务宗旨。街道公共服务办是社工站主管部门，红山社工站在其引领下，发动社区退休党员，积极参与社区服务。在街道党工委、红山街党建办主任带领下，社工电访摸查意愿，分社区探访了解实际情况和资质筛选，动员了 3 名社区退休党员，他们既有足够时间热心社区事务，又想要推动和加入红山社工站党支部建设中来，为社区治理和服务贡献自己的力量。2023 年 2 月，他们签订了自愿加入红山社工站党支部筹建工作的知情同意书，了解了关于成立党支部的基本内容、职责等具体事项。2023 年 4 月，通过社工站副主任及党建服务的对点社工与三位党员充分的讨论及投票表决，推选热心党的事业的李继华担任支部书记兼任组织委员，以支部为单位于 4 月 3 日清明节前开展了一期党建活动，积极参与关爱社区困难群体的志愿服务。

（二）服务成效

第一，在社工站成立在地党支部方面，扩充在地退休社区党员 3 名，站点党支部于 2023 年 4 月 17 日获批成立。

第二，社工通过"党建＋N"模式，扩展党建项目与其他项目的联动，实行多元方式义卖和募集善款，加大了慈善宣传的广度和深度。一方面通过宣传、义卖、外联等方式积极链接资源，另一方面日常征集困难群体的"微心愿"，扩展线上形式发布"微心愿"认领，线下结合大型活动、植树节等丰富义卖形式，整合多方物资满足困难群体的"微心愿"，在 2023 年上半年，社工站充分发挥共建和党员的先锋模范作用，累计已为 125 户困难对象圆梦"微心愿"。

七、督导点评

党的十九大报告进一步强调，"完善党委领导、政府负责、社会协同、公众参与、法治保障的社会治理体制，提高社会治理社会化、法治化、智能化、专业化水平"，"打造共建共治共享的社会治理格局"。上述论述确立了党建引领的社会治理格局，确立了党建社会工作与社会治理工作的结构性关系。社会工作作为社会体制改革的重要抓手，以及社会治理体系的有机构成，理应被制度化地纳入党建引领的社会治理结构之中。这是新时代社会工作有效参与社会治理的前提。红山街道党工委高度重视社工站建立党支部工作，事实证明，支部建在社工站，加强了党对社会工作的领导，党建引领社会工作，架起了党群之间的桥梁，打通了党群服务最后一米，通过入户探访老党员，听老革命、老党员讲故事，开展党群系列服务，更能够共情共鸣，让社区居民从心底里感恩党、热爱党。

"迎国庆　学党史　感党恩"社会工作活动

谢建社　黄　丽

一、服务背景

学习党史，重在感党恩。

"学党史，是因为我们党100多年波澜壮阔的风雨历程。"岁月如歌，在100多年的奋斗历程中，我们党书写了一幅幅精彩绚丽、气势恢宏的历史画卷。从1921年的南湖起锚扬帆到"星星之火，可以燎原"，从"枪杆子里出政权"到领兵走上井冈山；从第五次反"围剿"失败到开始史诗般的二万五千里长征；从取得艰苦卓绝的抗战伟大胜利到全面内战爆发，从百万雄师势如破竹推翻蒋家王朝到新中国成立，从完成了社会主义改造迈上了改革开放的伟大新征程……这是一部"不懈奋斗史"、"理论探索史"和"党的建设史"。社会工作者特别是党员社会工作者，一定要认真学习好党史，领会建党精神，才能进一步开展党建引领社会工作。

感党恩，是我们社会工作者要教育广大居民懂得没有共产党就没有新中国。100多年来，在中国共产党的领导下，中华民族从过去的饱受列强欺辱到现在的再一次巍然屹立于世界东方；国家经济发展从过去的一穷二白到现在的经济总量跃居世界第二位；人民政治地位从过去的受尽统治阶级的压迫和剥削到现在的人民当家作主和人人享有平等自由；人民生活状况从过去的只限于满足解决温饱到现在的正昂首阔步奔向全面小康。历史雄辩地说明，没有共产党就没有新中国；有了共产党，中国才会取得今天的伟大成就并大踏步地走向辉煌。今天的幸福生活，来之不易，我们的服务对象要明白，是党指引我们，是党为了人民，因此，要感激党的恩情，只有感恩，才能体验幸福。

二、服务理论

社会支持网络理论：社会支持网络指的是一组个人之间的接触，通过这些接触，个人得以维持社会身份并且获得情绪支持和物资援助等。社工通过组织开展"游园"活动，以摊位游玩的形式，设置有益身心的趣味游戏，从而激发服务对象对美好生活的憧憬，积极参与游戏，丰富居民精神文化生活的同时，搭建互动交流平台及扩展社会支持网络。国庆节到来之际，红山街社工计划组织党员志愿者在社区通过游园方式宣传社会主义核心价值观、党史、国史等知识，让社区居民感受国庆节的节日氛围，并愿意通过实际行动践行爱党、爱国、爱社区。

三、目的与目标

（一）服务目的

国庆节到来之际，红山街社工计划组织党员志愿者在社区通过游园方式宣传社会主义核心价值观、党史、国史等知识，让社区居民感受国庆节的节日氛围，并愿意通过实际行动践行爱党、爱国、爱社区。

（二）服务目标

目标一：通过本次活动，至少90%的党员志愿者起到带头模范作用。

目标二：通过本次活动，至少90%的参加者对社会主义核心价值观、党史、国史等知识的认识加深，并愿意通过实际行动践行爱党、爱国、爱社区。

目标三：通过本次活动，90%的参加者丰富了精神文化生活，感受国庆节的节日氛围。

四、服务流程

阶段（时间）	事项	流程及内容	所需物资	负责人
2022 年 9 月 16 日	计划书	计划书的撰写	计划书	黄丽
2022 年 9 月 19 日	场地考察	活动场地考察	/	黄丽
2022 年 9 月 20 日	活动招募	活动宣传招募	/	黄丽
2022 年 9 月 21 日	物资准备	购买活动物资	口罩、水、小红旗、国旗贴纸、中国地图	黄丽
2022 年 9 月 26 日 9：00—9：05	志愿者签到	志愿者在社工站集合签到、查看健康码、测体温	签到表	黄丽
2022 年 9 月 26 日 9：05—9：25	志愿者培训与分工	1. 讲解活动流程，包括具体的分工情况、活动地点、活动方式 2. 活动过程中注意的事项	/	黄丽
2022 年 9 月 26 日 9：25—10：00	准备活动	1. 到达目的地 2. 布置活动场地	/	黄丽、陈康桂、志愿者
2022 年 9 月 26 日 10：00—11：00	摊位一：签到处	活动开始前指引参与者签到，并给每人送一面小红旗	签到表、小红旗、口罩	志愿者
	摊位二：党史知多点（知识问答）	指引参与者回答围绕党史、社会主义核心价值观、国史、党的二十大等设计的问题，参加者抽答问题：回答正确两题即可以获取贴纸一个，加深参加者对党史知识的记忆	党史知识问答题库	志愿者
	摊位三：党史力行我愿意（选择题）	用展板展示"您愿意做哪些爱党、爱国、爱社区的行为？（可多选）"让参与者在自己愿意力行的选项上面盖印花或用大头笔手写 A. 做志愿者 B. 献血 C. 爱心捐赠物资 D. 配合政府疫情防控、创文创卫等工作 E. 其他_____	展板、印花、大头笔	党员志愿者
	摊位四：拼出未来（拼图）	指引参与者在打乱的中国地图拼图中拼出正确的图案即可以获取贴纸一个，锻炼逻辑思维	拼图	党员志愿者
	摊位五：闪闪红星（剪纸）	指引参与者在红色正方形纸上剪出五角星	剪刀、正方形折纸	党员志愿者
	摊位六：兑换奖品处	活动参与者集齐 3 个贴纸即可以兑换奖品并填写活动反馈表	口罩、活动反馈表	党员志愿者

续表

阶段（时间）	事项	流程及内容	所需物资	负责人
2022 年 9 月 26 日 11：00—11：10	分享与总结	1. 指引参与者有序离开活动现场 2. 社工与志愿者整理活动场地 3. 社工引导志愿者就参与本次活动的感受及收获等进行分享，最后社工总结	/	黄丽

五、成效评估

（一）评估方法

1. 过程观察/签到表

观察居民参与度、现场秩序、现场气氛等，查看签到表，评估居民参与率和积极性。

2. 访谈

通过引导居民和志愿者分享总结、关注居民或志愿者的反馈等，了解居民的满意度和目标达成情况等。

3. 问卷/反馈表

通过反馈表了解目标达成情况、居民满意度等。

（二）服务成效

1. 学党史，知党情

知史爱党，知史爱国。通过本次活动，让服务对象进一步了解了我们党从抗日战争到解放战争，再到抗美援朝战争，在那些烽火连天的战争岁月中，千千万万的革命先烈以"为有牺牲多壮志，敢教日月换新天"的革命勇气，舍生忘死，保家卫国，才换来了如今这难能可贵的和平与安宁。

2. 学党史，明党恩

通过学习党的百年奋斗史，激励服务对象汲取奋勇拼搏的前进动力，为全面建设社会主义现代化国家而接续奋斗。

六、督导点评

党建引领下的社会工作，通过组织参与者学习党史，了解党史，激发了服务对象听党话、跟党走的热情。推动党史学习教育走深、走实，深切表达了社区党员干部学党史、感党恩的真挚情怀，激励党员干部更好地做到"学史明理、学史增信、学史崇德、学史力行"，社工举办"迎国庆、学党史、感党恩"系列服务活动，通过"以学促建、以建促干"的方式，重温党的光辉历程，既是对党史学习教育成果的深化巩固，也进一步增强了社区全体党员干部学习党史的思想自觉和行动自觉。通过活动的深入开展，让服务对象不忘初心感党恩、旗帜鲜明跟党走、立足社区作奉献，不断以党史学习教育、爱国动力助推党建引领社会工作取得实效。

作者简介

黄丽，广州粤穗社会工作事务所社工。

家庭社会工作服务

无声的愤怒

——亲子关系个案服务

刘秋兰

一、背景介绍

（一）个人情况

王子（化名），男，12岁，独生子女，身材瘦小，刚上初中，性格沉默、内向，少与外人接触，朋友较少，经常熬夜打游戏，凌晨两三点疲惫不堪才去睡觉。在家不用任何言语交流，经常躲在自己的房间里，有需求时会与父亲用微信沟通。

（二）家庭情况

父亲，身体健康，企业中高层领导人，脾气暴躁，经常辱骂服务对象，服务对象被辱骂时并不会作声，而是表现为瞪眼、紧握拳头、身体颤抖，有时干脆呈木僵状。服务对象的学校离家很近，父亲平时会主动送他上学，服务对象并不反对。

母亲是一位全职太太，照顾儿子很细致，平时会帮儿子整理书包、书桌和房间，吃东西剩下的垃圾也会帮服务对象清理掉。深夜会开服务对象房门，看看服务对象是否又在打游戏。

（三）学校和朋辈情况

自从上初中以来，服务对象很少主动出去找朋友，也很少有朋友或者同学来服务对象家玩。服务对象班主任老师反馈，服务对象上课打瞌睡，行动缓慢，在课堂上比其他同学节奏要慢，如课堂听写时，老师已经读到第三个词，服务对象才拿出本子听写第一个词。读小学的时候，母亲会邀请服务对象同学来家玩或者出去一起逛街吃饭。服务对象会在打游戏过程中用语言和队友交流，读英语也会出声读出来，但是在家就是不用语言与父母交流，这种状况已经持续一年多。

二、分析预估

（一）显性需求：服务对象减少打游戏时间，保证一定的睡眠时间

服务对象经常熬夜玩游戏，思维和行动比一般的儿童要缓慢，影响了学习，需要尽快帮助服务对象合理规划学习和娱乐时间。

（二）隐性问题：服务对象父母调整亲子沟通方式，改善亲子关系

服务对象刚进入初中，性格内向，在适应初中生活时，需要父母给予一定的关注和支持。另外，父亲在服务对象动作慢、达不到自己要求的时候，经常辱骂服务对象，服务对象刚开始还会表达一下自己的观点，后来在父亲的强压下，服务对象几乎不再表达自己，任由父亲责骂，沉默不语。服务对象母亲常年帮服务对象整理内务，没有注意调整养育方式，不太尊重服务对象，比如会在晚上推门进服务对象卧室，忍不住时还会责骂服务对象。服务对象父母之间也呈现小事情不沟通、大事情争吵的局面，服务对象在这样的家庭环境下，只能通过沉默不语表达愤怒，选择用无声来保护自己。

三、服务计划

（一）服务目标

目标一：服务对象减少玩游戏的时间，每天保证 7 小时的睡眠时间。

目标二：服务对象父母调整亲子沟通方式，杜绝暴力沟通，改善亲子关系。

（二）服务策略

1. 运用家庭系统理论

家庭系统理论认为家庭是一个系统，成员之间的行为是互相影响的，一个成员的行为会影响其他成员的行为、认知和情感的变化，同时也导致他们对情感、认知和行为的反思，其中一个成员作出改变会导致其他成员产生不同的改变。

服务对象沉迷游戏，不和父母用言语交流，社会工作者认为其原因，一方面是服务对象已开始步入青春期，自我意识增强。但父母还停留在原来的对幼儿的教育方式上，对服务对象照顾有加，社会工作者需要协助父母认识到服务对象已经长大，需要更多的自主空间；另一方面是亲子之间几乎失去联结，父母只看到服务对象当下沉迷游戏的行为，并不知道他沉迷游戏这个行为背后的心理动力和原因。社会工作者需要协助父母改变与服务对象沟通的方式，在情绪和认知方面理解和了解服务对象，增强他们之间的联结，从而促进服务对象改善熬夜玩游戏的行为，护佑服务对象身心健康发展。

2. 运用非暴力沟通模式

非暴力沟通是以"描述客观事实—表达感受—表达需要—提出请求"为模式的一种沟通方式，可以提高沟通的效率。父母对服务对象原来指责辱骂时是用"你"开头的句式，这样的沟通模式不仅没有效果，还攻击了服务对象人格，造成亲子关系越来越差。父母对儿子熬夜打游戏影响学习的情况是生气又无助。只有引导服务对象父母采用非暴力沟通模式，从客观事实出发与儿子正面沟通，服务对象才可能会改善熬夜打游戏的行为。

（三）服务程序

1. 收集信息建立关系

运用倾听、共情技巧收集服务对象家庭信息并与服务对象家庭建立专业信任关系；运用肯定和鼓励方法与服务对象建立信任关系，尝试收集服务对象更多的信息。

2. 处理服务对象父母焦虑紧张情绪

同理和共情服务对象父母的感受，适当地自我暴露，增强共情意识，增进理解。

3. 分享儿童心理知识

社会工作者向服务对象父母普及服务对象年龄段的自我意识增强的特点，指出这是他们健康成长的标志，需要被呵护和理解。鼓励其父母给予服务对象更多的自主空间。

4. 分享非暴力沟通方式，提升亲子沟通效果

社会工作者分享非暴力沟通方式，引导服务对象父母在亲子沟通中使用，改善亲子沟通模式，增强亲子关系。

四、服务实施过程

具体目标	服务内容及服务形式	阶段
1. 了解服务对象及其家庭信息	1. 和服务对象母亲面谈，倾听服务对象妈妈诉说，收集服务对象家庭信息 2. 与服务对象面谈，通过肯定和鼓励，建立初步的关系，了解服务对象的心理诉求	个案初期
2. 服务对象父母的焦虑紧张情绪得到舒缓	1. 倾听服务对象母亲诉说，适当暴露社会工作者自己当家长的感受 2. 与服务对象父亲面谈，了解其对服务对象当下状态的看法，舒缓其焦虑情绪	个案初期
3. 服务对象父母了解儿童青少年心理知识	分享儿童青少年心理知识，鼓励服务对象父母逐步放手对儿子内务的代办，给予服务对象一定自主空间	个案中期

续表

具体目标	服务内容及服务形式	阶段
4. 服务对象父母学习和掌握非暴力沟通模式	1. 邀请服务对象父母参与社工站的非暴力沟通活动 2. 鼓励服务对象父母学习亲子沟通课程；服务对象妈妈报名参与了亲子课程 3. 在与父母访谈中，社会工作者示范非暴力沟通模式，服务对象父母在沟通中获得新的体验，认识到非暴力沟通方式让沟通得以继续，有更多空间探讨，是有效的沟通模式。促进父母下决心调整沟通方式 4. 分享非暴力沟通具体步骤：观察＋感受＋需求＋提出期望。父母掌握以"我"开头表达自己，然后提出希望的句式，改善之前的指责型沟通，弃绝辱骂服务对象 5. 父母表达对服务对象身体和学习的担心，并提出希望服务对象睡眠时间保证 7 小时以上。在亲子沟通中，服务对象获得新的体验	个案中期
5. 家庭接纳目前的状态，保持改变的动力和信心	1. 与服务对象面谈，服务对象反馈亲子沟通中已经没有那么愤怒，但依然没有准备好用言语交流，会用微信和父母交流。服务对象睡眠时间点从原来凌晨两三点到后来可以在 12 点左右关灯睡觉 2. 带领服务对象父母巩固非暴力沟通模式，要求其在早上上学、下午回家做作业和晚上提醒睡觉 3 个时间段使用非暴力沟通 3. 总结和巩固已经学习到的亲子沟通知识和体验。督促父母带着这些知识和体验继续与服务对象正向沟通	个案后期

五、总结评估

服务对象母亲反馈，服务对象原来打游戏到凌晨两三点，现在基本上在晚上 12 点可以上床睡觉。服务对象打游戏时间减少，睡眠得到了一定的保证。服务对象自己表示能在 12 点左右睡觉。服务对象显性问题得到一定程度上的解决，目标达成。

服务对象班主任反馈，服务对象上课打瞌睡的情况相对之前少了一些，课堂跟进还是会落后于其他同学，但是服务对象会把落下的补回来，态度端正了一些。

服务对象父亲反馈，他之前下班就自己出去打球，现在周末会带服务对象一起出去打球，增进了亲子关系。即使服务对象在球场打游戏，服务对象父母都能接纳，表示总比待在他房间里强。

服务对象妈妈表示如果儿子不提出让她帮助，她就不帮忙处理儿子的内务，尊重服务对象拥有的独立空间，增进了亲子关系。

六、专业反思

家庭是一个系统，系统成员之间是互相影响的，父母认知和行为得到改变，从负面的辱骂慢慢过渡到正向的沟通模式，使得服务对象在此过程中产生了新的体验，从而令服务对象沉迷游戏的行为得到一定程度的改善。

由于服务对象很少表达，社会工作者接触服务对象也只能通过封闭式提问了解情况。社会工作者以后遇到这样"无声"的服务对象，一方面需增强辅导技巧，另一方面也可以转介给会打游戏的社工进行跟进，通过游戏增进对服务对象的了解，从而为家庭提供更好的服务。

家庭系统总是在不断扰动中达到新的平衡，就目前来看，服务对象每天能保持睡眠时间，父母逐步能使用正面沟通技巧。在旧模式被打破，服务对象父母逐步丢弃辱骂方式，建立新的正向沟通模式前，这一段时间对整个家庭是不容易的。社会工作者一路陪伴和鼓励，最终服务对象家庭建立了新的沟通模式。

七、督导点评

社工协助服务对象改善睡眠问题和玩游戏时间长的状况；协助母亲学会尊重孩子的独立空间，采用非暴力的沟通方式改善亲子间的沟通；协助父亲增加亲子间的相处时光，给予孩子更多的耐心和爱，促进亲子融合。在这些方面个案取得了预期效果。

作者简介

刘秋兰，中级社工师、家庭教育指导师、心理咨询师。目前为广州粤穗社会工作事务所家庭领域一线社工。

和谐婚姻，幸福生活

——"爱的五种语言"线上学习活动

周舸竞

一、背景介绍

H 街共有 6 个社区，其中 5 个社区是城市社区，住房类型多为国企分配房，以退休职工和双职工家庭居住为主；1 个 S 社区为城中村，住房类型多为农村自建房，以本地居民和外来务工人员居住为主。自 H 街社工站与派出所建立个案转介合作机制后，社工站收到多起派出所转介的夫妻矛盾个案，其中 S 社区因拆迁影响，夫妻矛盾、财产纠纷个案最多，社工介入调解后，发现每起夫妻矛盾背后，都存在一个核心的共性问题，即夫妻双方缺乏表达爱和感受爱的方法，导致夫妻双方在婚姻中无法感受到爱与被爱，进而互相猜疑、互不信任，以争夺家庭权力、财产保管权等方式，寻求在婚姻中的安全感。

二、分析预估

社工开展《关于家庭关系经营状况》调研，结果显示，71.74% 的居民表示与配偶之间有矛盾冲突，其中 39.86% 的居民认为沟通表达方式是影响夫妻关系满意度的主要原因，39% 的居民表示与配偶发生矛盾后的处理方式是冷处理和争吵。综合调研数据分析得知，带领辖区内居民学习夫妻间表达爱和感受爱的方法，在婚姻中感受到爱与被爱，对于增进夫妻间信任感、满意度，促进夫妻关系和谐、婚姻稳定非常有必要。

受疫情影响，"阳过"居民人数日渐增加，为避免居民线下参与活动聚集，导致交叉感染，社工以微信直播小程序为媒介，开展"和谐婚姻，幸福生活——'爱的五种语言'"线上学习活动。

三、服务计划

（一）服务对象

H 街 S 社区内夫妻。

（二）服务目标

1. 总目标

通过活动，给社区居民提供一个学习交流的平台，带领社区居民学习向自己的妻子/丈夫表达爱和感受爱的方法，增进夫妻间信任感、满意度，促进夫妻关系和谐、婚姻稳定。

2. 分目标

让社区居民明白向自己的妻子/丈夫表达的重要性；学习运用"爱的五种语言"表达对妻子/丈夫的感情。

（三）服务理论

本次活动主要以优势视角理论作为基础，以微信群直播、群打卡互动、PPT 案例讲解等形式开展，使服务对象认识到婚姻是真爱的起点，运用优势视角将婚姻中的矛盾和冲突，看作搭建通往婚姻幸福桥梁的钢材土石，鼓励服务对象夫妻双方，在婚后积极学习"爱的五种语言"，并不断在生活中实践练习，以更好地在婚姻中学会表达爱和感受爱，增进夫妻间信任感、满意度，促进夫妻关系和谐、婚姻稳定。

（四）服务策略

1. 服务对象的认知转变

社工通过案例分享、线上日常语言测试等形式，引导服务对象夫妻双方将生活中的矛盾冲突转化为理性沟通，将之看作增进情感的机会，而不是情感恶化的讯号，并察觉自己过往言行举止等传递给伴侣的信息是怎样的，进而增进学习和探索夫妻间新语言互动的积极性。

2. 鼓励服务对象运用爱的五种语言

社工以微信直播讲解"爱的五种语言"知识，并设置问答抢福袋环节，结合日常夫妻沟通相处中常见的场景举例，让居民快速理解和掌握"肯定的言辞、精心的时刻、服务的行动、精心准备的礼物、身体的接触五种爱的语言"在夫妻日常生活中的呈现形式和运用方法，并设计了微信群打卡可获情侣杯的环节，鼓励夫妻双方以照片、视频、文案、语音等形式记录自己运用伴侣喜欢的爱语表达爱的场景。

（五）服务程序

主题环节	内容设计
热身游戏	1. 游戏目的 带领服务对象进入微信直播间，在规定时间内找到社工说的表情包，发到评论区中，活跃气氛，并让服务对象快速熟悉微信直播的线上互动方式 2. 游戏规则 服务对象打开群直播中的表情库 社工随机说一个表情包，服务对象在规定时间内，迅速找出发送到群直播评论区中
案例分享	1. 带领服务对象观看妻子与丈夫需求不一致时，两种不同处理方式所带来的结果的案例 2. 提问服务对象是否有结婚后感情变淡的感觉，随后社工引用美国著名的婚恋指导专家盖瑞·查普曼所总结婚姻感情变淡的原因，指出婚姻是真爱的起点，通往幸福的旅途难免有坎坷，如果婚后夫妻双方能够经受住坎坷的考验，学习"爱的五种语言"填满对方的"爱箱"，就能加深彼此的感情，在婚姻生活中长久地走下去
线上日常 语言测试	1. 邀请服务对象在夫妻双方互不观看彼此填写的情况下，线上填写男女两版"爱的五种语言"测试题 2. 引用发展心理学的一句话"看见即疗愈"，调动夫妻双方学习"爱的五种语言"具体内容的积极性

续表

主题环节	内容设计
学习"爱的五种语言"基本概念	社工通过 PPT 的形式，向参与居民介绍"爱的五种语言"的基本概念，并结合夫妻日常生活举例，带领夫妻双方学习爱的五种语言 1. 肯定的言语 赞扬伴侣的优点；鼓励伴侣的进步；用温柔的语气、谦和的态度与伴侣对话 2. 精心时刻 精心的谈话，指夫妻双方在不受干扰的情况下互相分享经验、想法和感受；精心的活动，指夫妻双方共同参与某一方感兴趣的活动 3. 精心准备的礼物 礼物可以是花心思为伴侣亲手制作的，也可以是花钱挑选的，更可以是特殊时期给予的陪伴和支持 4. 服务的行动 做伴侣期望帮忙做的事情，如做饭、洗碗、做家务等能让伴侣感觉到被服务的行动 5. 身体的接触 一起牵手散步、帮忙按摩捶背等
"爱的五种语言"打卡环节	社工将"爱的五种语言"分成 5 个环节内容，每个环节都发布图文示范，引导服务对象互看伴侣填写的五种语言测试，运用伴侣喜欢的语言向伴侣表达爱，并以照片、视频、文案、语音等形式记录自己运用伴侣喜欢的爱语表达爱的场景，在活动群里线上发布打卡
分享总结	1. 社工在微信群对活动进行回顾和总结，引导参与者在微信群用文字分享参与本次活动的感受，并引导参与者填写线上版的服务对象意见反馈表 2. 活动结束，发布获奖名单和领奖时间的群公告

四、计划实施过程

（一）前期筹备

活动开展前期，社工查阅过往的调研资料，结合日常居民反馈，撰写活动计划书，制作宣传海报，发给对接各居委会的社工，联络各社区居委会，请他们帮忙发到各社区居民群，进行宣传招募。落实与协助社工的分工情况，让协助社工知晓活动内容流程并进行活动前的模拟，熟记活动具体工作内容的每个环节，保证活动当天能顺利开展。活动开展前摆放好投影仪和手机支架，检查活动电子设备，确保活动开展时可以正常使用，保证线上群直播顺利开展。

（二）服务过程概述

活动准备阶段，社工与协助社工进行活动前演练，调试微信群直播手机的摆放角度，进行微信群直播模拟，试用微信群直播抽奖和直播评论，确定网速较好，线上操作顺畅。

活动开始，社工邀请居民夫妻一同进入活动微信群直播间，引导居民线上参与破冰游戏——"分享你的表情包"，活跃气氛的同时，让居民快速学会在微信群直播评论区互动和线上活动的参与。接着，社工在群直播间展示"爱的五种语言"知识PPT，结合日常夫妻沟通相处中常见的场景举例，让居民快速理解"肯定的言辞、精心的时刻、服务的行动、精心准备的礼物、身体的接触"在日常生活中是怎样呈现的，及正确运用于夫妻日常相处中的方法。最后社工设置微信群线上打卡环节，鼓励居民迈出使用"爱的五种语言"表达爱的第一步，在活动群直播结束后，利用周六周日两天休息时间，用伴侣期望的爱语向伴侣表达爱，并用照片、视频、文字等形式记录发至活动微信群。

活动最后，居民们纷纷在活动微信群里打卡，用照片、视频和文字表达对伴侣的爱，并在微信群里反馈。通过参与本次"爱的五种语言"线上学习活动，使他们更加珍惜婚姻，并希望在以后的日子里，夫妻同心，其利断金，相信未来通过夫妻双方的共同努力，一定能把家经营得更加美好和睦。

五、总结评估

（一）目标达成情况

本次活动，给社区居民提供了一个学习交流的平台，带领社区居民学习运用爱的五种语言，向自己的妻子/丈夫表达爱和感受爱。从服务对象线上填写的意见反馈表和微信群打卡互动来看，100%的服务对象认识到向自己的妻子/丈夫表达爱很重要，并能运用"爱的五种语言"表达对妻子/丈夫的感情，故活动目标达成良好。

（二）满意度调查

本次活动共发出线上活动意见反馈表 30 份，成功回收 30 份，其中有效活动意见反馈表 30 份，回收率达到 100%。而社工也通过整理及分析活动意见反馈和服务对象的微信群线上互动打卡反馈，发现 100% 的服务对象对活动满意。

六、专业反思

（一）优秀经验

活动开展前，社工制作好活动宣传招募海报，发给对接各居委会的社工，联络各社区居委会，请他们帮忙发到各社区居民群进行宣传招募。辖区内双职工夫妻较多，平时工作较忙，而服务活动设置为线上开展，让辖区内的夫妻，即使是因为工作分居两地，依然能共同上线参与活动。从活动结束居民的反馈来看，大多数居民都表示喜欢线上参与活动的形式，这样既不耽误打理家务带娃，还能学习到新的知识。后续社工在开展活动前，可以先确定好服务人群的需求，再进行适合服务人群的设计。活动中，社工结合生活场景，向居民讲解五种爱的语言的表现形式，及在日常生活中运用的注意事项，并运用正向语言和奖励机制鼓励居民活学活用，用妻子/丈夫期望的爱语去表达爱。从居民的反馈来看，成效较好。社工后续再开展相关学习活动，也要继续保持，结合生活举例，用居民易懂的方式去传达知识。

（二）不足之处

虽然活动开展前，社工与协助社工认真地进行过微信群直播的模拟，但是实际开展线上群直播时，还是有操作不熟练的情况，后续应继续加强线上群直播的具体操作实践。

七、督导点评

社工运用"爱的五种语言"为缺乏沟通和爱的表达方式的夫妻建立线上、

线下良好的沟通平台，推动双方学会爱的表达，化解夫妻矛盾和冲突，经营美好幸福的婚姻。

作者简介

周舸竞，中级社工师、初级育婴师。毕业于武汉民政职业学院社会工作专业。广州粤穗社会工作事务所 H 街 S 社工站一线社工。

重拾信心，点亮希望

——低保家庭社会支持网络完善个案辅导

何樱桃

一、背景介绍

居住状况：服务对象与父亲、女儿三人借住在朋友一间 15 平方米的房子里，父亲睡房间，他与女儿睡阁楼，生活空间狭窄。家里只有基本生活小家电。

健康状况：服务对象今年 32 岁，健康状况良好，没有患病。

经济状况：自从服务对象父亲 2022 年 12 月中风偏瘫后，服务对象便辞职在家照顾父亲，失去经济来源。其父亲是社区内低保救助对象，没有退休金，现在一家三口靠父亲每月 1196 元的低保救助金维持基本生活开销，积蓄所剩无几，生活拮据。

家庭状况：服务对象在单亲家庭中长大，自小与父亲一起生活，与母亲关系一般，较少联系。受原生家庭影响，服务对象婚姻不顺遂，3 年前与妻子离婚后独自抚养女儿。

生活状况：服务对象在父亲中风前有固定工作，父亲可以帮其处理日常家务及负责到幼儿园接送女儿上下学。但在父亲中风后，服务对象不但需要照顾父亲和家庭，还要兼顾女儿的起居生活。

二、分析预估

（一）问题分析

1. 个人层面面临家人照顾压力

服务对象因父亲偏瘫卧床需要护理导致其需要辞职在家，失去经济收入，并且还要照顾年幼女儿的生活起居。

2. 家庭层面情感支持薄弱

家庭支持网络薄弱。服务对象父母离异多年，他一直与父亲共同生活，与母亲关系薄弱，较少联系。服务对象本身也是离异状态，祖孙三人身边也没有亲戚朋友帮扶。

3. 社会支持层面资源匮乏

服务对象父亲是低保救助对象，可以减免医疗费用及家中水电开支。驻点社工已为其建档，每月固定家访/电访一次，定期给予慰问和关怀，为服务对象父亲链接"微心愿"资源，购买电风扇。每逢节日，也会有慰问品送到家中，减轻生活压力。

（二）需求预估

1. 需要经济帮扶改善经济困境

服务对象与重病父亲、年幼女儿共同生活，需要照顾父亲不能外出工作，没有固定经济收入，日常需要承担父亲医药费、家庭生活开销及女儿学习费用。

2. 增强家庭支持网络

服务对象自小在单亲家庭长大，童年缺少母亲陪伴，深知母爱缺失对孩子影响深远，由于家庭突发情况，孩子需要更多的关爱。

三、服务计划

（一）服务理论

社会支持网络理论认为，每个人在生命历程中都会遭遇一些可预期和不可预期的生活事件。遭遇生活事件时，需要资源以应对问题。资源分为内在与外在两种。而一个人如果所拥有的社会支持网络越强大，就能够越好地应对来自外部的挑战。

社会支持作为外在资源，可分为有形支持与无形支持两类。其中，有形的支持包括物质或金钱的支持和援助，而无形的支持多半属于心理、精神上的。而这些支持介入前，需要社工对服务对象的社会支持网络在个人、家庭和社区不同层面的状况进行评估。目前服务对象家庭层面的支持系统薄弱，父亲因中风瘫痪，母亲与之关系疏离，因而无法给服务对象家庭提供更多的支持。社工需要通过政府、社会组织等层面协助服务对象建立更多的支持网络，从而拟定工作计划。

（二）服务目标

1. 总目标

协助服务对象一家暂时缓解因突发家庭情况而导致的经济困难，增强服务对象面对生活的信心，增强服务对象家庭支持网络，让服务对象一家步入生活正轨。

2. 具体目标

（1）协助服务对象申请低保救助改善其暂时的经济状况。

（2）联系服务对象母亲，为服务对象建立家庭支持网络。

（3）发挥"五社联动"作用，增强社会支持网络。

（三）服务策略

1. 个人层面

与服务对象建立关系；了解服务对象经济状况与每月生活开销情况。

2. 家庭层面

与服务对象母亲联系，了解其当前生活情况，希望可以增强服务对象家庭支持网络。

3. 社会层面

链接社会救助资源，协助服务对象申请低保救助。

（四）服务程序

前期通过面谈与服务对象建立关系。中期了解服务对象的经济状况及联系服务对象母亲提供支持。后期尝试为服务对象链接资源，帮助申请低保救助。

四、计划实施过程

（一）上门了解服务对象近况，发现其家庭陷入经济困境

服务对象父亲是建档在册的兜底服务对象，是低保户，社工根据日常工作计划上门家访。服务对象父亲 2022 年 12 月中风偏瘫，现在左边身体不能动，生活不能自理，属于半失能状态，生活起居依赖儿子照顾。

社工上门时服务对象父亲正在卧床休养，他看到社工到访很高兴，坐起来与社工交谈。社工观察到他精神状态很好，说话也中气十足。他表示经过两个月的治疗，现在情况有所好转，已经可以依靠拐杖站立，在儿子的搀扶下可以缓慢行走，但是脚用不上力，感觉像拖着一块大石头在行走一样，从房间走到客厅都要 10 分钟。服务对象父亲说："现在生病了，觉得自己很没用，拖累了家人，要儿子辞职在家照顾。"社工鼓励他要坚持锻炼，不要气馁，在中风康复期，坚持锻炼是关键，锻炼好了，后期恢复活动能力的机会还是很大的，恢复好了，就不用儿子在家贴身照顾了。他对社工的关心和鼓励表示感谢。

随后，社工向服务对象父亲了解其生活近况，对方表示，自从他中风后，由于生活不能自理，导致儿子只能辞职在家照顾他，家庭失去主要经济来源。服务对象父亲说道："本来我一个月的低保救助金也只有 1196 元，现在生病后每月要针灸、复健和吃药，虽然已经办理'门诊慢特病'报销，但每次开药要 50 多元，针灸一次就要 100 多元。现在感到生活非常困难，不知道以后的生活如何是好。儿子为了照顾我不能去工作，我感到很愧疚。"社工安抚他的情绪，表示理解他的困境，鼓励他要坚持锻炼，争取早日康复。

社工结束与服务对象父亲的对话后，来到客厅与服务对象沟通。社工表示非常理解他们家的困难情况，社工自己也有家庭，也有幼儿园在读的孩子，知道每个家庭的固定开销大概需要多少，也感觉到他的不容易。社工询问如果尝试为他链接资源，申请低保救助，他是否同意。服务对象表示，非常感谢社工的关怀，犹如雪中送炭，他愿意尝试申请低保救助金。

（二）了解服务对象经济情况，社工开展政策法规解读

社工按约定时间上门，服务对象在家中等候。社工告知服务对象，上次面谈结束后，社工查阅了广东省人民政府于 2019 年 7 月 18 日发布的《广东省最低生活保障制度实施办法》。该办法指出：最低生活保障原则上以家庭为单位，通过申请人申报、家庭经济状况信息查询核对、家庭生活状况综合评估，确定保障对象。该办法中所称的家庭，由共同生活的家庭成员组成，包括父母和未成年子女。据此，服务对象可以与女儿共同提出申请。

社工向服务对象了解其经济状况，服务对象表示，自己在 2020 年离婚后独自抚养女儿。父亲患病前，可以帮他接送女儿上下学，买菜做饭。他自己学历不高，中专毕业后就没有读书了，也没有什么技术，只能去理发店做散工，每月收入 3500 元左右。但理发店也有旺季与淡季，收入不固定。每月女儿读幼儿园托育费大约 1600 元，本来生活已比较拮据了。父亲生病后，生活不能自理，他只好辞职，24 小时贴身照顾父亲，同时负责家里的一切家务事和照顾女儿。这几个月下来，积蓄已经所剩无几了，如果再这样下去只能让女儿不去幼儿园，减轻家里负担，不然真的连饭都吃不上了。

社工说："我非常理解您现在的困境，但是申请低保救助金也是需要通过经济核查并审批以后才能发放的，这个过程也需要一段时间。现阶段家里有没有人可以帮您照顾一下父亲或女儿，减轻一下您的负担？例如，您的母亲或者孩子的母亲，可以帮忙一下吗？"

服务对象说："我与母亲联系不多，但父亲会与母亲联系。父亲刚生病的时候有告诉母亲，母亲也到医院去探望过。孩子的妈妈我们是真的没有联系了，当时离婚的时候关系闹得很僵，她也没有表示要来看望和联系女儿，当时离婚时女儿才 2 岁，对妈妈的印象也不深了。"

社工说："我与您母亲通话，了解 下她的情况，方便吗？"随后，服务对象把母亲电话告知社工。

最后，社工让服务对象抽空到居委会填写申请表格，办理低保救助。

（三）尝试推动家庭间沟通，增强情感支持

社工致电服务对象母亲，向其介绍身份并询问是否方便沟通，对方表示方便。社工向其告知服务对象与父亲现在的生活情况，服务对象母亲表示，知道前夫中风住院，当时正值新冠疫情暴发期，她自己也感染了，新冠转阴后曾到医院探望。与前夫虽然离异多年，但近年双方关系缓和，偶尔有联系，年纪大了，过往的一些事情都看开了，不至于老死不相往来。但是与儿子联系较少，由于一直没有与儿子生活在一起，关系比较疏远，儿子也不会主动向她求助。现在虽然自己退休了，不需要工作，但是身体不太好。不过如果儿子遇到困难需要帮助的话，可以尝试尽量协助一下。对方表示感谢社工告知情况，近期会抽空探望服务对象父亲，顺便看看是否需要帮助。

社工随后告知服务对象与其母亲的沟通情况。服务对象表示，非常感谢社工为他们搭建起这座沟通的桥梁，他也希望通过这个机会，多与母亲沟通，缓和自己与母亲的关系，推动家庭成员之间的情感链接和支持。

（四）服务对象照顾压力有所缓解

社工根据约定时间上门探访服务对象，了解情况。服务对象表示，最近一个月，父亲坚持每天复健，现在康复进度比预期好，可以自己使用拐杖从房间到客厅走动，不需要服务对象搀扶，只是下楼去针灸还是比较麻烦，要慢慢一步一步下楼梯，4层楼要走半小时才能到。看到父亲现在情况一天比一天好，他感觉很高兴，觉得父亲很坚强。服务对象父亲也表示，自己现在感觉好了很多了，走起路来比以前轻松，手也比之前灵活，现在可以自己握勺子了。他会继续坚持锻炼，争取有更大的进步，不再拖累家人。

服务对象表示，上次社工与其母亲沟通后，母亲来探望过父亲几次，有一次和他一起陪伴父亲去复健。服务对象说，她母亲表示，如果服务对象没空的话，可以让她陪伴父亲去复健，服务对象就可以腾出时间来做自己的事情了。母亲也表示可以帮其接女儿放学，但是由于女儿对奶奶比较陌生，暂时不太愿意单独与奶奶在一起，需要时间磨合。街道未成年人保护站的工作人员得知其家庭情况后，在六一儿童节给孩子送上学习用品，孩子收到以后也非常开心。服务对象表示，现在有了母亲的帮忙，感觉生活轻松了一些，争取过一段时间，等父亲的情况再好一些，他可以重新出去找工作，相信一切都会好起来的。

五、总结评估

（一）评估方法

每次服务结束，社工及时复盘当次面谈内容，填写个案记录，通过对服务对象神态、动作等的观察记录，评估工作。服务结束后社工编制服务满意度调查表及个案回访记录表交予服务对象填写，对于服务对象不理解的地方及时解释补充。

（二）评估结果

社工通过资源链接帮助服务对象申请了低保救助金，缓解了服务对象的经济困境。同时与社区居委会联系，协助服务对象与他们建立了良性互动，扩展了服务对象社会支持网络，确保了服务的延续性。社工通过与服务对象母亲联系，获得了服务对象母亲的支持，她到服务对象家中协助照顾服务对象女儿，减轻了服务对象的生活压力，使其社会支持网络系统得到拓展。

六、专业反思

本个案服务过程中，社工充当了资源链接者、支持者等角色，整合了"社区、社会工作者、社会组织、社会志愿者、社会公益慈善资源"多方的力量，为服务对象链接到低保救助资源，解决了服务对象的切实需求，帮助服务对象渡过经济难关，完善了社会支持网络，让服务对象重拾了对生活的信心。

作者简介

何樱桃，现为广州粤穗社会工作事务所一线社工，驻点某社区居委会。工作格言：行胜于言，服务社群；责任于心，助人于行。

青少年社会工作服务

从改变认知到改变行为

——认知行为疗法在青少年个案工作中的运用

黄　婷

一、背景介绍

（一）基本资料

罗某，男，14岁，某中学初三的学生，无躯体性疾病，处于青春期阶段。在初二时曾出现因失恋在学校割腕自杀的行为，近期再次经历失恋，整个人的情绪非常低落，晚上总是失眠，白天胃口差、吃不下饭，认为自己"不够好，不值得被爱，总是被抛弃"。在学校里，服务对象经常在课堂上流泪，无法专心上课，每天放学后长时间打游戏，对网络的依赖加重。因此，班主任建议家长带他去看心理医生。服务对象母亲因支付不起心理咨询的费用而向社区居委会求助，后由社区居委会转介至社工站。

（二）家庭及成长经历

服务对象目前与父母、奶奶共同生活，父亲因中风导致行动不便，长期失业在家，整个家庭的生活支出主要靠母亲的工资来维持。父亲较少关注服务对象，两人的关系疏远，日常很少沟通。服务对象与母亲相对亲近，但母亲每天又忙于生计而无暇顾及服务对象的身心健康，故他的日常生活主要由年迈、腿脚不便的奶奶负责照顾。由于家庭教育缺失、关系薄弱，服务对象平时对网络的依赖就较为明显。

（三）在校表现

服务对象曾在学校出现因失恋而割腕自杀的行为，班主任和老师都对他较为关注，近期也能够及时发现他的异常，担心他会再做出伤害自己的举动，故主动要求服务对象父母带他去看心理医生。这也说明学校对服务对象的行为比较重视，协助其改变的意愿强烈。

二、分析预估

（一）服务对象存在负面思想

当失恋时，服务对象产生"我总是被甩"的自动思维，中介信念为"我不够好，所以我总被抛弃"，核心信念为"我不值得被爱"，表现出焦虑、失落的情绪，晚上总是失眠，白天胃口差、吃不下饭，还经常在课堂上流泪，无法专心上课。这些问题对他的学业和身心健康都造成了较大的影响。

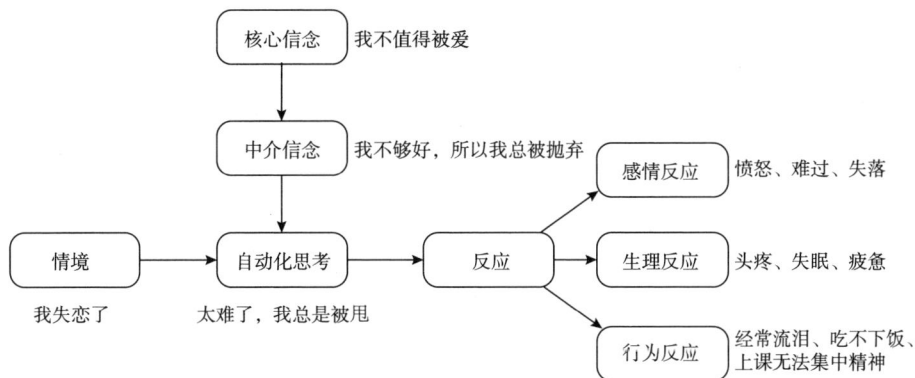

服务对象的认知行为模式

（二）服务对象的家庭支持系统薄弱

对于服务对象的恋爱行为，父母一直知晓却缺乏相关的引导和约束，没有帮助其在不影响学业和身心健康的前提下处理恋爱问题。比如，服务对象恋爱后每天回家的时间都很晚，父母却没有及时为其树立相应的规矩；对于服务对象每天长时间打游戏的网络依赖行为，父母也没有及时加以引导。

三、服务计划

（一）总目标

通过个案服务，服务对象形成对失恋的正确认识，建立正向的自动思维，采取正向、积极的行为。

（二）分目标

目标一：服务对象学会识别自动化思维和调整自己对失恋一事存在的不合理认知。

目标二：服务对象树立正确的恋爱观念，学会用合理、正确的方式去应对失恋。

目标三：服务对象的家庭支持系统增强，减少对网络的依赖，树立正向、积极的行为观念。

（三）服务理论

认知行为疗法是旨在改善心理健康的一种心理社会干预，它专注于挑战和改变无助的认知扭曲（如思想、信念和态度）和行为，改善情绪调节以及针对当前问题提供个人应对策略。

在本个案中，从认知上看，服务对象认为失恋后自己的世界都崩塌了，一直纠结于过去与前女友的亲密关系，纠结于前女友的母亲对自己的评价以及两人当初的承诺和甜言蜜语为何不算数等；从情绪上看，服务对象因为失恋产生了一些焦虑、失落的情感；从行为上看，服务对象暂时没有像以往那样有割腕自杀等过激行为，但经常在课堂上流泪，无法专心学习，回家后很少外出，经常在家玩电脑。因此，在个案辅导的过程中，社会工作者需要协助服务对象识别自动化思维和调整自己对失恋一事存在的不合理认知，引导其形成对失恋的正确认识，建立正向的自动思维，同时引导其关注自己之前的负面行为，树立正向、积极的行为观念。

（四）服务策略

1. 个体反思

社会工作者引导服务对象反思自己之前在恋爱过程中及应对失恋时所出现的负面行为，如染发、晚归、依赖网络、自杀等行为，并共同探讨及学习了解经历失恋时可以用何种方式去面对。协助服务对象意识到自己存在的不合理认知，使其可以更理性地看待失恋等状况，并以更有效的方式去应对它们。

2. "家–社"联动

社会工作者积极联动家庭和社区的力量，让家长知晓社会工作者的服务，改善自身的家庭教养方式并给予服务对象支持；以社工服务站为平台，为服务对象提供参与志愿服务的机会，丰富其课余生活，减少使用网络的时间。

（五）服务程序

具体目标	服务内容及服务形式
第一阶段： 服务对象学会识别自动化思维和调整自己对失恋一事存在的不合理认知	1. 耐心倾听服务对象倾诉，及时给予其同理和支持，为其提供情绪疏导服务，建立良好的信任关系 2. 通过邀请服务对象协助筹备"恋恋有道"青少年异性交往主题活动，引导其识别自动化思维和调整自己对失恋一事所存在的不合理认知
第二阶段： 服务对象树立正确的恋爱观，学会用合理、正确的方式去应对失恋	1. 引导服务对象关注及反思自己之前在恋爱过程中及应对失恋时所出现的负面行为，如晚归、依赖网络、割腕自杀等，以引导其改善之前的不良行为 2. 与服务对象共同探讨及学习经历失恋时可以用何种方式去面对 3. 肯定服务对象目前分手后的处置方式较从前有所改善，协助其积极挖掘在经历了第一次失恋后形成的抗逆力，并尝试邀请其在活动中进行经验分享，以进一步激发其正向行为
第三阶段： 服务对象的家庭支持系统增强，减少对网络的依赖，树立正向、积极的行为观念	1. 通过与服务对象母亲面谈，引导其认识到服务对象对网络的依赖源于家庭教育缺失、家庭关系薄弱，动员其作出改变 2. 与服务对象母亲共同梳理有利于协助服务对象降低对网络依赖的方法，并鼓励她去实施，增强家庭对服务对象的支持 3. 协助服务对象在"i"志愿系统注册成为青少年志愿者，邀请其积极参加社区志愿服务，树立正向、积极的行为观念

续表

具体目标	服务内容及服务形式
第四阶段： 共同回顾辅导过程，巩固服务成效	1. 与服务对象共同回顾个案辅导的过程，总结其改变历程，肯定其成功经验，鼓励其继续保持，巩固服务成效 2. 目标达成，结束个案服务

四、计划实施过程

（一）接案阶段

本个案由社区居委会转介，社会工作者与服务对象的母亲取得联系，并引导她将担忧、焦虑的情绪转化为协同社会工作者帮助服务对象积极改变行为的动力，邀请其想办法将服务对象带到社工站进行面谈。

在面谈的过程中，社会工作者以服务对象感兴趣的话题及 CS 游戏切入，尊重、同理和陪伴服务对象，快速与服务对象建立了良好的信任关系。因服务对象周一至周五都需要上学，其间社会工作者会通过微信与其联系，在他情绪低落的时候及时提供情绪支持，迅速调节了服务对象失恋后的悲观情绪，同时也促进了两人之间的信任关系。服务对象愿意主动向社会工作者表达自己的真实情绪及想法，社会工作者也得以了解更多的情况。

（二）预估与计划阶段

首先，社会工作者通过与服务对象密切接触进一步评估他自杀的可能性和风险，发现他的行为和情绪并没有老师和家长所担心的那么严重，他本身已经在之前的分手经历中产生了一定的抗逆力，故决定挖掘服务对象的抗逆力潜能，进一步激发其正向行为。其次，社会工作者让服务对象明确自己参与个案服务的原因和目标，并与其共同制订具体的服务计划，增强其参与度，提升了其改变的动力。

（三）介入阶段

1. 服务对象调整自己对失恋一事存在的不合理认知

服务对象再次经历失恋后，"我不值得被关注和被爱"这一核心信念又得到了激活，从而触发核心信念所带来的情绪、躯体和行为反应，影响了他的学业和睡眠。社会工作者与服务对象建立起信任关系后，向其解释了认知行为疗法，并借用《功能失调性思维记录表（DTR）》，与服务对象一起分析失恋事件背后的自动化思维、中介信念和核心信念，通过引导式提问让服务对象在回答问题的过程中发现自己对于失恋一事存在的不合理情绪和认知，如"我连累了兄弟，害他被学校处分""两次失恋都是因为我不够好""我不值得被关注和被爱"，等等。

通过社会工作者的引导，服务对象逐渐对失恋一事形成了一个新的、较为合理的认知，而且新的认知是一种更加有利于服务对象发展日后人际交往和异性关系的更为理性的认知。随之，服务对象对自己的接纳程度变得更高，对家人和老师的做法也更加能够理解。

2. 服务对象树立正确的恋爱观念

在面谈的过程中，社会工作者积极引导服务对象关注及反思自己之前在恋爱过程中及在应对失恋时所出现的负面行为，如染发、晚归、依赖网络、割腕自杀等，并与其共同探讨及学习经历失恋时可以用何种合适的方式去面对。与此同时，社会工作者能够看到服务对象在第二次分手后的处置方式较从前有所改善的地方，并及时给予肯定和称赞，积极挖掘服务对象在经历了第一次失恋后形成的抗逆力，帮助他树立了正确的恋爱观念。

除此之外，社会工作者也协助服务对象在"i"志愿系统注册成为青少年志愿者，并邀请其积极参加社区志愿服务，树立正向、积极的行为观念，如邀请服务对象协助筹备青少年异性交往主题活动，不仅贴合他的经历，也以此创造了与他共同探讨和分析他在失恋一事中所存在的不合理认知的契机，且得到了服务对象正面、积极的回应。

在邀请服务对象参加社区志愿服务后，社会工作者会及时与他共同回顾和总结，巩固服务成效的同时，增强他继续参与志愿服务的动力和信心，进一步激发了他的正向行为。在2021年年底，服务对象获得了社工站的"优秀社区志愿者"称号。

3. 由亲子关系改善带动服务对象降低对网络的依赖程度

在个案跟进的过程中，社会工作者会及时向服务对象母亲反馈跟进的情况，一是引导她看到服务对象的改变和成长，增强她对社会工作者和服务对象的信心，二是缓解她对服务对象的紧张和担忧情绪。

社会工作者利用《认知概念化图表》将服务对象的情况组织编绘成一幅认知地图，引导服务对象及其母亲直观看到：服务对象在家庭中获得的关注和支持不足，他和父亲并不亲密，母亲忙于生计，也较少给予关注，家庭关系上的疏离，使得服务对象在成长中有一些自我的负面认同——"我不够好""我不值得被关注和被爱"。社会工作者与服务对象及其母亲探讨服务对象行为背后的深层次原因，以母亲分享其对待服务对象在恋爱期间总是晚归一事的看法为契机，使其意识到自己在家庭教育方面缺乏对服务对象的管理和约束，意识到自己日常对服务对象网络依赖行为的不关注和纵容，认识到服务对象的负面行为源于家庭教育缺失、家庭关系薄弱，并动员和鼓励其作出改变。随后，社会工作者积极运用代币工具，布置家庭成长作业，一是定期组织家庭日活动，增进服务对象与父母之间的沟通和交流；二是鼓励服务对象母亲主动与服务对象协商和规范每日使用网络的时长，共同梳理出有利于协助服务对象减少对网络依赖的方法并实施，增加了家庭对服务对象的关注和支持。4个月之后，服务对象对网络的依赖程度较从前有明显的降低。

（四）结案阶段

在结案阶段，社会工作者带领服务对象共同回顾了整个个案服务过程，肯定及称赞他在此过程中所作出的努力及转变。与此同时，社会工作者也引导服务对象看到母亲在这个过程中为他作出的努力和转变，促进两人之间的关系，巩固服务成效，最终个案服务顺利结束。

五、总结评估

（一）评估方法

1. 量化资料评估

社会工作者通过焦虑自评量表（SAS）前后测、个案服务反馈表了解个案服务的目标达成程度，以及服务对象的满意度。

2. 质性资料评估

一是社会工作者通过在面谈中的观察，根据服务对象的行为表现和分享内容等对目标的达成情况进行评估；二是通过服务对象母亲在日常生活中的观察和分享来了解服务对象参与个案服务后的改变。

3. 服务对象的自我评价

社会工作者结合正强化和负强化理论，引导服务对象以自我评价的角度回顾并认知自身行为的变化和改变的程度。

（二）评估结果

1. 服务成效

社会工作者运用认知行为疗法，引导服务对象识别自动化思维，调整他对于失恋这件事情存在的不合理认知，并且协助其形成新的合理认知，从而引发行为的改变。整个个案跟进下来，认知行为疗法得到了较好的运用和检验，社会工作者通过个人认知引导和积极建立增强家庭情感支持的体系来改变服务对象的认知和母亲的教育理念及方式，服务对象的焦虑自测的焦虑分值也从最初的 59 分下降到 42 分，明显低于临界值 50 分，其不合理信念出现的频率和每天花在焦虑情绪和网络上的时间都明显减少。服务对象进入职中后的学习和生活基本恢复正常，个案的服务成效明显。

2. 满意度

个案结案后，社会工作者收到了服务对象的感谢信。不仅服务对象本人及其母亲，还有作为转介方的社区居委会，都对本次个案服务的成效表示认可，并给予社会工作者较高的评价。

六、专业反思

青少年所面临的问题，往往与家庭、学校环境息息相关。社会工作者在个案跟进的过程中需要积极调动家庭系统和学校系统资源，增强青少年的支持网络，共同解决青少年面临的困境。青少年案例中，家长的参与是青少年改变的重要推动力。

异性交往依然是学校和亲子教育的"禁忌"话题，但随着青春期的到来，青少年在心理和生理上都会有了解相关知识的需求，而网络的发展也会让他们对相关问题的了解日益增加。因此，引导是比防堵更有利的方法。社会工作者通过个案发现这个现象之后，也积极与辖区内的中学反馈和协商，最后顺利为青少年争取到在校内开展两期异性交往主题活动的机会。

通过本个案，我们可以看到服务对象自身的优势资源是值得被信赖的，只要我们加以运用和引导，服务对象是能够帮助自己形成新的理性认知并改善行为的。服务对象本身已经在之前的分手经历中形成了一定的抗逆力，社会工作者可以进一步挖掘服务对象的抗逆力，从而激发服务对象的正向行为。

七、督导点评

社会工作者通过家、校、社联动推动服务对象改善对失恋的不合理认知，推动父母正面沟通，带动服务对象改变沉迷网络等不合理行为，协助服务对象树立正确的恋爱观，学会自我关爱，积极地参与志愿服务，融入校园、家庭生活中。

作者简介

黄婷，中共党员，中级社会工作师、婚姻家庭咨询师。现任广州粤穗社会工作事务所 NHX 街社工站副主任。

困境儿童之情绪管理撬动社会化适应个案辅导

谢 婧

一、背景介绍

（一）个人情况

小唐，10 岁，父母均为聋哑人，有一个 2 岁的弟弟。服务对象平时在某小学上学。因为父母都是聋哑人，所以在空闲的时候会去和老师学习手语。

平时喜欢画画，身体较为瘦弱且矮小，学习成绩不是很好。

因为父母都是聋哑人，所以在家大部分时间都是使用手语与父母交流。平时在学校与同学在一起才会使用口头语言进行交流。因为口头语言在日常生活中使用较少，所以有时候会发生词不达意的情况。

平时会做简单的家务，如洗碗、拖地，但是奶奶一般都不会让服务对象做家务，只希望服务对象的学习成绩能够得到提高。

能用正确的手势及语言问候别人，主动与来访者握手，能用礼貌的语言问候别人，懂得表达谢意，能进行简单对话并作适当的回应。

个人优势是对绘画比较感兴趣，平时喜欢做手账。弱项是与人沟通，有时候别人不太明白服务对象想要表达的意思。

（二）家庭情况

家庭环境：家里空间狭小，摆放的家具有一个较高的茶几、一张沙发，走路空间较窄。

家居安全：较为安全，一般服务对象在家里都会有父母或者奶奶陪伴，遇到危险的东西不会让服务对象接触。

（三）外部支持情况

网络支持：街道、社区、社工站的工作人员对服务对象的生活较为了解。

二、分析评估

根据社工的观察，服务对象主要存在以下外显问题。

（一）沟通问题

与普通人交流时较为紧张，与同龄人交流词不达意，沟通技巧需要进行磨炼和培养。

（二）情绪管理问题

服务对象较容易激动，经常跟他人发生矛盾，多次与聋人协会主席、同学发生矛盾。

（三）人际沟通交往困难

在朋友群体当中，人缘较差，被认为是"难相处"的人。

三、服务计划

（一）服务目标

1. 学会运用情绪管理技巧和方法控制自身的情绪

通过兴趣培养、链接资源，寻找能够培养兴趣爱好的志愿者来帮助服务对象增加自己的兴趣爱好。

2. 学会化解冲突，提高人际交往能力

提供社会化适应辅导，以提高服务对象的社会交往能力。

3. 挖掘服务对象的潜能和特长，提升学习兴趣

开展学业辅导，提高学习成绩；寻找志愿者上门进行社会化适应情绪辅导。

（二）服务计划

社工前后进行了 3 个月个案社会工作，分为三个阶段。

第一阶段：与服务对象建立信任关系，了解儿童成长故事。通过多次家访，了解服务对象的基本情况；分析服务对象的优势和劣势，发现服务对象的潜能。

第二阶段：培养服务对象的学习兴趣。了解服务对象的兴趣爱好，培养服务对象的学习兴趣。关注服务对象的每个进步环节，给予正面鼓励，激发服务对象的学习热情。

第三阶段：提高服务对象的认知能力。让服务对象认识到自身家庭状况，适应家庭环境；通过沟通技能提升，学会与家人交流，与同龄人交流。针对服务对象情绪管理问题，进行心理辅导，让服务对象学会适应学校学习环境，改变经常跟他人发生矛盾现状。

第一，引导服务对象正确认识情绪。

（1）情绪不是天生定型的，情绪是变化的，用一句话概括：一切都会过去的。

（2）决定情绪的不是外面的人和事物，而是本人内心的心理状况，对于同样的外在境况，不同的人会有不一样的情绪反应。

（3）情绪没有真正的正面负面之分，只有"有没有效果"，情绪表达有时候是控制和改变外界的手段。

（4）情绪只是讯号，当我们了解了所有该了解的情况，情绪就会消失。

（5）情绪是感觉的一种，一个人跟情绪在一起才能身心合一。

第二，做好服务对象情绪管理服务。

四、计划实施过程

阶段	学业辅导	情绪管理	人际交往
第一阶段	与服务对象一起分析当前学习环境，收集趣味学习的资料，与服务对象一起分析，提高学习兴趣	1. 为了让服务对象知道情绪有多少种表现方式。用一些图片来展示情绪 2. 了解不同的情绪图片代表怎样的心情。拿一些有关情绪的图片，让服务对象自己描述图片中人物表达的心情 3. 明白情绪对自己以及周围朋友的影响，让服务对象自己谈论往事，说一件令自己开心的事和一件令自己不开心的事，以及周围朋友的反应	1. 认识目前的人际关系，让服务对象自己评价目前的人际关系，和自己所拥有的同学、朋友，当自己心情欠佳时可以倾诉的朋友有多少个 2. 寻找原因，明白人际交往的重要性。先让服务对象自己讲述人际关系的重要性，再联系实际分析人际关系对自己的影响等
第二阶段	1. 与服务对象一起分析自己的特长以及学校的环境 2. 让服务对象一一罗列自己的特长以提高服务对象的信心 3. 从家庭、学校收集一些有关服务对象特长以及学业的情况，让服务对象清楚 4. 根据服务对象自己的特长与喜好制定一份学习成效目标	1. 让服务对象接受自己和面对自己的情绪 2. 通过自我披露，让服务对象明白有情绪是正常反应 3. 与服务对象一起回顾从前发生的事件，及其所表现出的情绪 4. 认识消极情绪的坏处和积极情绪的好处 5. 收集一些实例，通过实例与服务对象一起分析消极情绪和积极情绪对处理事情和周围朋友的影响，学习以正确的心态面对自己的消极情绪	1. 鼓励服务对象多参与社区活动，并尝试在每次活动中结识一位新朋友 2. 社工每次举办的活动邀请其参加 3. 学习一些人际交往的技巧，通过事例分析学习倾听、理解、尊重、宽容、沟通等人际交往技巧

续表

阶段	学业辅导	情绪管理	人际交往
第三阶段	从改善服务对象自身的认知能力入手,让服务对象相信该学科是非常有趣的。想象中的"兴趣"会推动我们认真学习该课程,从而对学科真正感兴趣	1. 引导服务对象学习当出现情绪问题时以正确的方式去发泄 2. 当自己出现消极情绪时可通过找同学、老师和朋友倾诉以及运动等方式发泄 3. 学会控制自己的情绪,当生气愤怒时要学会深呼吸,或转移注意力,尽量避免当场发火 4. 当出现情绪问题时要换位思考,检讨自己和理解对方 5. 收集一些有关冲突的实例,与服务对象分析造成冲突的原因,尝试换位思考和理解双方的困难以及冲突的理由,再联系自身实际,分析当自己和别人发生冲突时,自己的原因和别人的想法	让服务对象把学到的人际沟通技巧运用到实际与朋友相处当中,社工与服务对象一起分享每次活动所认识的新朋友,讲解自己所运用的人际交往技巧以及成功交朋友的体会

五、总结评估

经过 3 个月的努力,服务对象在各方面取得了较大的进步。情绪较之前有了较好的控制,不再随意打骂他人或摔东西,也有了几个关系较好的朋友。服务对象由原来的沉默寡言变为现在的能够交流。服务对象的家人都感到很开心,服务对象的兴趣也扩展到了学习上,现在爱读书、读好书,还喜欢观看纪录片和励志电影,以及爱听各种有风格的歌曲。服务对象的家人都很感谢社工和志愿者的帮助。

六、专业反思

初始阶段。社工为服务对象提供学业辅导,培养学习的兴趣,初步与服务对象建立关系。兴趣是最好的老师,兴趣产生热爱,热爱创造奇迹。学习也是如此,乐趣对学习活动起着驾驭作用。在服务过程中,社工采用多种方法激发服务对象的学习兴趣。

介入阶段。社工采取危机介入的方法,运用情绪管理技能,与服务对象一起训练。一方面，社工肯定服务对象有积极的一面，他是因为渴望表现自己，渴望被重视，在自尊心没有得到满足的情况下才会与人发生冲突；另一方面，也让服务对象看到自己消极的一面，情绪管理有问题，较容易激动。最后，在社工的帮助下，服务对象解决了与其他人经常发生矛盾的问题，达到预期目标。

七、督导点评

本个案在服务过程中，社会工作者作为个案管理者在预估服务对象所需解决的问题后，从需求出发，分析了服务对象的优劣势情况，提出了解决问题的优先级。社会工作者在实际介入过程中，以协调者的身份调动志愿者和社区等资源为服务对象提供辅导、活动参与等服务；当服务对象的学习兴趣提高后，社会工作者以倡导者的身份帮助服务对象获得相应的资源支持，增强了服务对象的社会支持网络。

作者简介

谢婧，广州粤穗社会工作事务所社工。重点关注困境儿童服务，研究青少年心理问题。

强化党建引领　礼赞百年中华

——少年传承红色经典系列活动

徐惠梅

2022 年是中国共产党成立 101 周年，是党的二十大召开之年。在中华民族迎来伟大复兴的关键时期，青少年担殷切期望，传红色精神，方能承国家重任，铸先锋力量，成就无悔青春。

一、背景介绍

在 2022 年 4 月，习近平总书记在中国人民大学考察时强调："广大青年要做社会主义核心价值观的坚定信仰者、积极传播者、模范践行者，向英雄学习、向前辈学习、向榜样学习，争做堪当民族复兴重任的时代新人，在实现中华民族伟大复兴的时代洪流中踔厉奋发、勇毅前进。"由此可见，习近平总书记对青年有着深厚的感情，更有殷切的希望。

为深刻感受和学习革命先烈的崇高精神，增强当代青少年的使命感和责任感，培养有勇气、敢担当的新时代红色精神传承者，广州粤穗社会工作事务所 ZQ 街社工服务站联合 ZQ 街纪工委、ZQ 街妇女联合会开展"踏寻红色印记·传承红色精神"青少年红色革命史迹打卡系列活动，通过参观红色革命史迹、制作并分享红色手账等活动，形成《新青年，新传承——ZQ 街"强国有我"红色学习特辑》，以坚定时代信念，回应强国之需，为新时代建设赋予新的历史意义，为建设中国特色社会主义注入新的青春活力。

二、分析预估

根据青少年领域 2022 年度的需求调研结果分析及过往服务经验，在宏观层面上，青少年普遍有社区参与方面的需求，希望能够有更多的平台参与社区服务。同时，青少年学习红色精神，主要通过观看影片资料、老师讲课等方式，实地参观学习的机会较少，对于红色精神的理解较为浅显，因此青少年存在社区参与和社区实践的需求。

三、服务计划

（一）理论支持

班杜拉的社会学习理论中的观察学习论认为，人们通过观察他人的行为及其后果，可获得榜样行为的符号表征和经验教训，并可引导观察者今后的行为。

在此次活动中，通过"红色革命史迹留足迹"、"红色印记手账 DIY"、"红色革命印记在我心"及"红色革命精神我传承"宣讲比赛四个环节，让青少年通过参观红色革命史迹的故事及精神，感受和学习革命先烈的崇高精神，将学习到的红色革命精神以手账的形式记录下来，并在活动中进行展示，形成"红色印记宣传手册"，做红色革命精神的传承者，增强当代青少年的使命感和责任感。另外，社工也计划邀请优秀的党员/团员职青志愿者带领在校青少年共同学习，为他们提供支持和指引，发挥他们的先锋模范作用，鼓励他们更多地向英雄学习，向榜样学习，树立坚定信念，向党向团靠近。

（二）服务目标

1. 目的

通过此次活动，青少年能够感受和学习到革命先烈的崇高精神，争当新时代红色革命精神的传承者，增强他们传承红色革命精神的使命感和责任感。

2. 目标

（1）参与者至少领会到两种红色革命精神。

（2）青少年的使命感和责任感得到增强。

（3）活动推文点击量及阅读量达到 200 次以上，服务成效得到宣传。

（三）服务程序

第一次活动：红色任务我知道

时间	事项	活动流程
09：30—09：35	活动目的介绍	社工向参与者说明此次活动的目的与意义
09：35—09：45	活动流程及工作人员的介绍	1. 讲解活动的内容及需要完成的任务 2. 介绍4名大学生志愿者的身份（社工计划招募党员职青志愿者或是优秀榜样的志愿者）及在本次活动中的角色
09：45—09：55	参与者相互认识	【破冰游戏】 1. 参与者在A4纸上写上自己的两个昵称，并贴在衣服上 2. 参与者需要去"搭讪"自己感兴趣的参与者，相互介绍，了解对方为什么叫这个昵称 3. 社工邀请认识到最多参与者的成员分享自己是如何去"搭讪"的
09：55—10：10	"红色革命史迹留足迹"	【打卡任务介绍与分组】 1. 社工介绍已选定的4个红色革命史迹展馆的基本情况（社工需提前踩好点）： 共青团一大纪念馆、中共三大会址纪念馆、广东革命历史博物馆、广州起义纪念馆 2. 社工根据参与者选择的红色革命史迹进行分组，让4组参与者各选出1名小组长，负责协助调动小组的参与者完成相应的任务 【打卡任务说明】 任务一：红色革命史迹我知道 每组参与者需了解和学习红色革命史迹的以下内容： （1）了解红色革命史迹建成的背景和缘由 （2）了解红色革命史迹的建筑风格 （3）了解红色革命史迹的主要红色事件 （4）了解红色革命史迹传递的红色精神 任务二：红色革命史迹心得我来写 参与者需完成1份红色革命史迹的心得体会卡

续表

时间	事项	活动流程
10：10—10：25	"红色印记手账DIY"任务说明	1. 社工向参与者说明制作"红色印记手账"的目的与意义。每组需在一周时间内制作红色革命史迹的电子手账，按照以下顺序进行制作： （1）红色革命史迹的名称及正面照片 （2）红色革命史迹建成的背景和缘由 （3）红色革命史迹的主要事件 （4）红色革命史迹的红色精神传递 （5）参与者在红色革命史迹的打卡照片及作为新时代青年对红色精神传承的展望和留言 2.4组参与者的红色手账制作完成后，线下邀请4组参与者进行分享及展示 3. 社工同时开展线上"红色手账"网络评比，将4组参与者红色手账进行宣传和展示，进行网络投票，选出红色革命史迹手账"最佳网络人气奖"得主
10：25—10：35	"红色革命精神我传承"宣讲比赛任务说明	1. 4组参与者需完成红色革命史迹宣传展示的PPT，并进行宣讲介绍的比赛 2. 社工邀请ZQ街道纪工委代表、社工站代表、青年党员志愿者代表对4组参与者的宣讲介绍进行评比，分一、二、三等奖及优秀奖
10：35—10：50	红色任务卡领取	1. 介绍任务卡及道具的作用 2.4组参与者代表领取任务说明卡及任务打卡的道具 3. 对活动任务的疑惑解答 4. 参观红色革命史迹的注意事项说明（包括遵守的规则、参观日期的选择）

第二次活动：红色革命史迹留足迹

时间	事项	活动流程
7月初	签到	1. 社工与4个小组的组长负责各组参与者的签到，4名职青志愿者协同4组参与者共同进行红色革命史迹的参观及学习 2. 说明参观学习红色革命史迹的注意事项，遵守参观的规则
	红色革命史迹的参观学习	1. 4个小组根据社工选定的日期及时间进行红色革命史迹的参观和学习 2.4个小组参与者根据现场地图，共同商讨参观的路线，根据组内分工完成此次的红色革命史迹学习
	参观结束 & 红色印记手账DIY	1. 4个小组参观学习结束之后，需在群里进行参观结束的打卡 2. 4个小组需要在参观后7日内完成红色手账的制作 3. 社工在群里预告下一次活动的时间和地点，提醒参与者完成红色手账

第三次活动：红色革命印记在我心

时间	事项	活动流程
09：30—09：35	活动目的介绍	社工向参与者说明此次活动的目的与意义
09：35—10：30	红色手账展示及点评	1.4 个小组手账展示 2.4 个小组互相点评 3. 社工及社工站宣传员进行点评及总结，并邀请参与者分享参观及学习的收获及感受 4.4 个小组需根据点评对红色手账进行完善，社工同时开展线上"红色手账"网络评比，将 4 组参与者的红色手账进行宣传和展示，网络投票，选出红色革命史迹手账制作的"最佳网络人气奖"作品
10：30—10：40	"红色革命精神我传承"宣讲比赛规则说明	1. 说明"红色革命精神我传承"宣讲比赛的形式、规则及材料提交等内容 2. 在一周时间内制作比赛的 PPT，并在规定时间内提交到社工处
10：40—10：45	拍合照、收拾场地	1. 为参与者与他们制作的手账拍摄合照 2. 拍摄本次活动的大合照

第四次活动："红色革命精神我传承"宣讲比赛

时间	事项	活动流程
09：30—09：40	活动开场白及目的介绍	1. 社工介绍出席活动的评委，并邀请 ZQ 街纪工委代表讲话 2. 社工向参与者说明此次活动的目的与意义，说明比赛的规则
09：40—10：40	"红色革命精神我传承"比赛	1.4 个小组根据抽取的顺序一一宣讲，评委根据评分表的标准进行打分 2.4 个小组完成红色革命精神宣讲之后，邀请社工站主任进行总评
10：40—10：55	颁奖环节	1. 揭晓获得红色手账"最佳网络人气奖"的作品，邀请 ZQ 街纪工委代表颁奖 2. 揭晓"红色革命精神我传承"比赛的一二三等奖及优秀奖，邀请 ZQ 街纪工委代表、社工站主任为获奖组颁发奖项 3. 合影留念
10：55—11：05	活动总结	1. 邀请参与者及 4 名职青志愿者分享活动的感受 2. 填写服务意见反馈表 3. 社工总结此次活动，并核对参与者志愿服务时数

四、计划实施过程

（一）前期筹备

1. 与合作单位沟通

此次活动联合 ZQ 街纪工委及 ZQ 街妇联开展，社工在初步设计活动内容之后，与合作单位沟通活动的设计内容，了解合作单位对于参与此次活动的想法及需求，结合合作单位的需求完善活动内容的设计，更好地促进双方的合作。

2. 人员分工

统筹社工负责活动流程的设计与完善，时刻关注疫情的情况，及时作出活动的调整；协助社工负责帮助统筹社工做好物资的准备。

3. 参与者招募

社工通过宣传海报、微信服务群、i 志愿平台等多途径招募活动参与者，并邀请参与者填写活动报名表，用于活动的分组。在宣传海报招募方面，社工积极结合街道"1520 常规化核酸检测"工作现场招募活动参与者，并在微信服务群进行转发与宣传。在招募党员职青志愿者方面，社工除联系合作单位以及以往参与过的职青党员志愿者之外，也通过 i 志愿平台招募，以此增加招募成功的可能性。

4. 对红色革命史迹地进行踩点

社工在活动前，到 4 个红色革命史迹展馆进行踩点，了解入馆的防疫政策及要求，并根据红色革命史迹的史实设置了红色任务，让参与者带着任务去参观学习，以能对史实有更深的印象。

（二）方案执行

1. 青春红色之旅：红色任务我知道

受疫情影响，原定于线下开展"踏寻红色印记·传承红色精神——青少年红色革命史迹打卡活动之红色任务我知道"活动在线上举行。社工详细地介绍了"红色革命史迹留足迹"、"红色印记手账 DIY"、"红色革命印记在我心"

及"红色革命精神我传承"宣讲比赛4次红色任务的内容及本系列活动的目的。同时，将青少年分成4组，并在线上组建微信群，在微信群内推选出一名组长，负责分配其他组员的工作，促使青少年更好地体验本次红色学习之旅。

2. 青春红色之旅：红色革命史迹留足迹

社工带领由职青党员、团员和少先队员组成的4支青年队伍"青春无悔队""红色革命队""中共三大红色小分队""寻迹队"，分别外出参观共青团一大纪念馆、广州起义纪念馆、广州近代史博物馆、中共三大会址纪念馆4个红色革命史迹展馆，共同学习革命史实和红色精神，让青少年直观地了解和学习到革命史实，感受红色革命精神，厚植爱国主义情操。

3. 青春红色之旅：手账展红色革命故事

经过一周的通力合作，4支青年队伍制作出了独具特色的红色手账。翔实的资料、真诚的感悟、精美的排版，展现着青少年们的用心。在分享环节，社工邀请4支队伍分别展示红色手账，并介绍自己的制作思路和心得。同时社工还给每个小组布置了小任务，引导他们对前一组的分享进行评价，力求在思想的碰撞中获得新的感悟。青少年们观察细致，从各个角度提出了自己的建议。"到底什么是红色精神？"针对这个问题，青少年们都表达了自己的想法，他们表示，作为新时代的青少年，应当把青春活力注入红色革命精神的传承中，从身边的小事做起，让红色不仅仅是"红色"，更是五彩斑斓的青春，是步履不停的动力。

分享之后，社工将4组红色电子手账上传微信投票咖小程序，开展"最佳网络人气奖"网络投票，不仅可以展示青少年对于红色精神的理解和传承，也能提高本次服务的知晓度，营造学习红色精神的良好氛围。

4. 红色传承：搭建红色宣讲平台　传播青年红色之声

社工积极联合街道职能部门，开展"红色革命精神我传承"宣讲比赛，引导青少年梳理红色革命史迹的主要史实，总结红色革命史迹的红色精神。当天4组青少年宣讲的主题包括"高举五四火炬　争当时代先锋""广州起义纪念馆""从旗帜看百年广东""中共三大遗址参观与学习"，充满红色元素的PPT无不体现青少年对红色革命史迹及红色故事的理解和感受。以宣讲的形式，为青少年提供讲述红色故事、传播红色之声的平台，增强了当代青少年的责任感和使命感。

五、总结评估

（一）满意度情况

根据意见反馈表，100%的青少年对此次活动的形式和内容感到满意，希望以后可以有更多这样的活动。

（二）目标达成情况

1. 青少年至少学习到两种红色革命精神

目标达成情况良好。通过心得感受卡及宣讲比赛中的展示，4个小组均能总结出两种以上的红色精神。"青春无悔队"总结了"爱国主义、勇于探索"等红色精神；"寻迹队"总结了"爱国爱党爱人民、爱社会主义、无私奉献、自强不息"等红色精神；"红色革命队"总结了"不畏艰难、顽强拼搏"等红色精神；"中共三大红色小分队"总结了"对党忠诚、勤俭节约、艰苦奋斗"等红色精神。

2. 青少年的使命感和责任感得到增强

目标达成情况良好。在活动感受分享环节，青少年分享道"作为新时代青年，要做爱国青年，心系国家、心系民族、心系人民，将个人理想与学习工作统一到实现中国梦的伟大实践中去。""作为新时代中国青年，我们要刚健自信、胸怀天下、担当有为，衷心拥护党的领导，为中华民族的伟大复兴梦贡献出自己的一份力。"等。由此可见，青少年对于作为新时代青年的使命感和责任感得到增强。

3. 活动推文点击量及阅读量达到200次以上，服务成效得到宣传

目标达成情况良好。社工在社工站的公众号发布活动推文《以青春之采，展红色故事 | 红色手账投票等你来……》。青少年及其父母积极转发活动推文，活动推文点击量及阅读量达到410次。而在红色手账网络评比中，红色手账浏览量高达12049次，总投票数达到3135票。

六、专业反思

（一）服务形式的创新性

本次活动创新了党建服务形式，以"红色学习—红色实践—红色传承"为本次青少年党建服务的主线。发挥职青党员的红色榜样作用，以党建带团建，组建"职青党员—团员—少先队员—群众"的红色青年队伍。引领青少年学好党史、历史知识，将自己的所学所感以手账的形式展示出来。制成《新青年，新传承——ZQ街"强国有我"红色学习特辑》，让青少年感受红色精神的熏陶，铭记新时代青年的使命，奋力追寻与弘扬红色精神，为传承红色精神注入青春力量。

（二）服务宣传形式多样化

活动宣传度得到较大的提升。社工在社工站的公众号发布《以青春之采，展红色故事 | 红色手账投票等你来……》。活动推文点击量及阅读量达到410次，红色手账浏览的次数高达12049次，总投票数达到3135票。青少年及其父母都积极转发活动推文，服务宣传度较以往更进一大步，得到街道、家长以及青少年们较高的肯定和好评，服务成效显著。

在服务宣传方面，社工认为此次活动的宣传形式可以更多元化。例如，可以考虑开设现场直播，运用青少年及家长喜闻乐见的形式，如抖音、小红书、微信直播等途径，邀请青少年家长、社区居民进入直播间参与活动的过程，为青少年加油打气的同时，也是对社工站青少年党建服务的宣传。

（三）红色精神的传承及学习

此次活动当中，青少年针对红色精神的认识和理解进行了深入的思想碰撞和交流，也让社工陷入深刻思考。红色精神是什么？对于革命先烈的红色精神，我们都已经了解得比较多且比较熟悉，但随着时代的发展，是否有新的红色精神发展起来？有哪些新的红色精神？我们要如何去学习新的红色精神？要带领青少年体验新的发展史，感受国家之强大。当代党员、青年应在自己的工作岗位上展现和传承红色精神！在日后的党建服务中，社工应以此为方向，拓宽青少年党建工作的服务思维，紧跟时代发展的步伐。

七、督导点评

社会工作充分利用青少年喜闻乐见的形式，创新服务内容和服务宣传渠道，带动更多的青少年了解红色故事、弘扬红色精神、传播红色文化，以服务的影响力、线上广泛的覆盖面实现激励青少年学习红色精神、努力前行的目标。

作者简介

徐惠梅，中级社工师。广州粤穗社会工作事务所社工，重点关注青少年领域社会工作。

"羊羊俱乐部"青少年疫后舒压小组

王家乐

一、背景介绍

疫情三年来，党中央、国务院始终将人民群众的生命安全和身体健康置于首位，不断优化完善防控措施，以应对疫情形势的不稳定性。2022年12月7日，国务院联防联控机制综合组发布了《关于进一步优化落实新冠肺炎疫情防控措施的通知》，提出了十项优化要求。这些措施旨在提高防控的科学精准水平，坚决纠正简单化和"一刀切"的做法。虽然，奥密克戎变异株传播速度快、传染性强且隐匿，但是随着大规模疫苗接种和新冠病毒变异，病毒的传播力增强但致病力减弱，整体健康风险趋于缓和。因此，此时我国的疫情防控面临新形势和新任务。

2022年年底，ZQ街辖区内出现了越来越多的青少年感染新型冠状病毒的情况。然而，这些青少年感染新冠后表现出了不同的症状。有些青少年会出现发烧、浑身酸痛数天的症状，而另一些青少年则只有轻微的头疼。此外，还有一部分青少年周围人感染新冠而自己未感染，因此感到焦虑不安。针对这些情况，ZQ街社工服务站决定为12~16周岁的青少年开展"羊羊俱乐部"青少年疫情舒压小组。该小组旨在为青少年提供一个信息共享和交流互动的平台。通过青少年之间的经验分享、情感支持以及趣味任务，引导他们积极面对当前新冠感染的形势，缓解因疫情而带来的压力，更好地应对生活和学习。

二、分析评估

（一）青少年压力缓解的需求

面对疫情和可能的感染风险，青少年感到焦虑、恐惧和不安。青少年需要一个平台，可以与其他同龄人分享关于新冠的信息和经验。他们可以互相讨论症状、治疗方法和预防措施，从而更好地了解并应对疫情。通过信息共享，青少年之间可以分享他们与新冠病毒相关的经历和应对策略，互相学习和得到启发，找到应对疫情的积极方法，缓解疫情带来的压力。

（二）青少年朋辈支持的需求

由于疫情的影响，青少年面临学习上的挑战。他们需要得到情感上的支持，包括倾听、鼓励和安慰。通过小组成员之间的互动，他们可以找到情感上的支持和依靠。朋辈支持小组可以为他们提供学习上的帮助和鼓励，分享学习方法和资源。这将有助于减轻学业压力，保持学习动力并促进他们的学业发展。

三、服务计划

（一）小组理念

本小组主要借助社会支持理论帮助青少年缓解压力，增强朋辈支持。社会支持理论认为来自他人的实际或情感上的支持，可以帮助人们应对压力和逆境。面对疫情和可能的感染风险，青少年感到焦虑、恐惧和不安，他们需要来自家庭、朋友和社区的支持。社工可以通过建立"羊羊俱乐部"小组提供一个支持性的环境，鼓励青少年互相分享经验和情感支持，增强他们的社会支持系统。

同时本小组还应用了埃利斯的情绪 ABC 理论。根据 ABC 理论，A 是真实发生的事件，B 是人们对真实发生的事件的认知，C 是人们的情绪反应。ABC 理论认为，并不是（A）真实发生的事件导致人们的情绪反应，而是（B）人们对事件的认知导致了（C）情绪反应。根据 ABC 理论，在对青少年感染新冠时的偏差行为进行干预时，首先就要质疑其对新冠感染的错误认知，并帮助其重新建立新的正确认知，来改变青少年的情绪和行为，引导他们正向看待当前新冠疫情的新形势，缓解疫情之下的压力，更好地面对生活和学习。

（二）小组目标

1. 目的
青少年能正向看待当前新冠疫情的新形势，缓解疫情之下的压力，更好地面对生活和学习。

2. 目标
80% 的服务对象能掌握三种及以上应对新冠感染的小妙招；80% 的服务对象能轻松愉悦地以"吐槽大会"的形式将压力正确地宣泄出来；80% 的服务对象疫情期间的压力有所缓解。

（三）小组性质

支持性小组。

（四）服务对象

ZQ 街辖区内 12～16 周岁的青少年（8～12 人）。

（五）服务地点（方式）

线上腾讯会议。

（六）服务时间

2023 年 1 月 11—31 日（15：00—16：00）。

（七）小组程序

节数	时间	主题	具体内容	环节目标
1	2023 年 1 月 11 日 15：00—16：00	羊羊初相识	1. 小组介绍：服务对象进入腾讯会议后保持安静，社工自我介绍以及介绍小组的名称、目的和意义 2. 羊羊介绍：社工邀请服务对象以"姓名＋爱好＋羊羊代号＋感染症状轻重"的形式进行自我介绍 3. 社工邀请服务对象填写青少年疫情期间压力测试评估表 4. 羊羊蹲：社工作为引头人，在腾讯会议开麦说：开始"羊羊"蹲，"乐羊羊"蹲、"乐羊羊"蹲完"×羊羊"蹲（希望谁蹲就说谁的羊羊代号）。当服务对象听到自己的羊羊代号时，要立马在群内作出反应，以此类推 5. 契约树：社工邀请每名服务对象在白纸上写上对小组和自己的期待，社工整合在契约树上 6. 总结与探讨	让服务对象相互认识，并尝试共同订立小组规范及澄清服务对象期望和目的
2	2023 年 1 月 16 日 15：00—16：00	咩咩有妙招	1. 暖场游戏·终极密码 2. 咩咩分享大会：服务对象依次阐述自己或周围人群在感染新冠时的症状或心态。社工引导与总结 3. 咩咩有妙招：服务对象分享自己或周围人群在感染新冠时的应对小妙招。社工总结 4. 作业布置：社工总结服务对象在感染新冠时的症状与应对小妙招，鼓励服务对象要将在本节小组学到的应对新冠感染小妙招应用在实际生活中。社工邀请服务对象围绕新冠疫情写一篇以"滚蛋吧，压力君！"为题的 200 字左右吐槽文稿，为下一节的吐槽大会做准备	让服务对象熟识新冠感染的相关知识，掌握三种及以上感染新冠时的应对小妙招
3	2023 年 1 月 19 日 15：00—16：00	滚蛋吧，压力君！	1. 回顾前两节小组的内容 2. 吐槽大会：服务对象依次吐槽新冠疫情期间的压力和烦恼 3. 社工邀请服务对象分享感受，总结以后面对疫情感染时的办法。然后，一起开麦大喊："滚蛋吧，压力君！" 4. 小结：服务对象讨论与分享此节小组的感受与评价。社工赞扬服务对象的表现，并总结前三节小组的内容	让服务对象意识到疫情期间有压力是一种正常现象，引导服务对象学会以轻松愉悦的方式将压力表达出来，正确面对疫情期间的压力

续表

节数	时间	主题	具体内容	环节目标
4	2023年1月28日 15:00—16:00	羊羊开心来互助	1. 漂流文档：服务对象在Word在线编辑文档里写下疫情期间遇到未解决的困惑或者苦恼。其他服务对象看到别人的漂流文档，给别人文档中的问题做解答或留言鼓励 2. 勇敢羊羊：服务对象将自己在疫情期间感受到的困惑或苦恼以及漂流文档环节其他服务对象回复的解决办法，誊抄在一张A4纸上。然后服务对象大声地说出A4纸上的内容。每位服务对象分享完毕，其他服务对象一起为其助力，开麦喊出："×羊羊真棒！勇敢羊羊，不怕困难！"接下来，服务对象将A4纸折成飞机抛向远方；或者将A4纸揉成一团，让其滚走；或者将A4纸折成自己喜欢的样子，摆放在身旁 3. 小结：服务对象讨论与分享此节小组的感受与评价。社工赞扬服务对象的表现，并总结前4节小组的内容	服务对象分享疫情期间的压力，通过服务对象互动鼓励找到解决压力的办法，增强战胜疫情的信心
5	2023年1月31日 15:00—16:00	羊羊抱团共成长	1. 我的情绪小河：服务对象在A4纸上画一条小河，将因疫情感染而带来的害怕、紧张情绪最严重、对自己影响最大的三次在小河上标出，并且标出日期。然后，服务对象运用小组前几节学过的妙招与经验，在小河旁边写上自己再次面对此种情况时的看法、情绪和行为。服务对象对自己的情绪小河上的内容进行分享。社工总结 2. 后测：社工邀请服务对象填写青少年疫情期间压力测试评估表和服务对象意见反馈表 3. 小组总结与展望未来：社工邀请服务对象分享自己在小组中的收获以及对未来的期待与规划。社工对5节小组工作进行总结，鼓励服务对象将小组中的经验运用于生活中 4. 颁发纪念品与合影留念	1. 巩固服务对象所学到的应对新冠感染的技能 2. 结束小组活动，处理离别情绪，做好活动总结

四、计划实施过程

（一）筹备工作

在小组准备阶段，社会工作者有意在初中在校生中发展服务对象，招募背景相似的服务对象。考虑到小组主要在线上进行，小组规模确定在8～12

人。前期扫描二维码进入小组群聊的共有 12 名青少年，但是因为小组活动时间与学习时间冲突、父母不同意青少年接触手机等原因，最终有 9 名青少年参与小组活动。

前期物资筹备和人员分工情况良好，社会工作者能够提前准备好小组活动物资，制作好宣传海报和 PPT，便于服务对象了解小组内容。社会工作者与其他同事能够进行合作，欢迎青少年报名参与小组，解答青少年的疑问。

（二）小组前期

小组前期，在"羊羊初相识"小节中，社会工作者运用网络互动热身游戏，让服务对象相互认识，建立小组关系；同时引导服务对象用绘制美丽的"契约树"形式订立小组契约，明确小组内容、目标和任务。在"咩咩有妙招"小节中，社会工作者鼓励服务对象积极分享自己或亲朋好友在感染新冠时的症状、心态，汇集大家应对新冠感染小妙招，并进行小妙招的梳理和排序，引导青少年找到适合自己的解决新冠"阳性"后衍生问题的办法或途径。

（三）小组中期

小组中期，在"滚蛋吧，压力君！"小节中，社会工作者采用"吐槽大会"的形式，让服务对象纷纷尽兴表达和抒发疫情以来内心的复杂情绪或苦恼，感受自己内心积郁释放后的轻松和快乐。而在"羊羊互助"小节中，借助漂流文档，为服务对象提供缓解疫情期间压力的途径，引导他们通过互动互助找到解决压力的办法，让各服务对象在收获处理压力困扰计策的同时感受好朋友间久违的互助情怀，增强战胜疫情的信心。

（四）小组后期

小组后期，在"羊羊抱团共成长"小节中，社会工作者举办了"羊羊联欢会"，凭借趣味桌游"谁是卧底"，加深服务对象之间的友谊，处理服务对象的离别情绪。同时，在"我的情绪小河"环节中，社会工作者邀请服务对象回顾小组前几节学过的妙招与经验，在小河旁边写上自己再次面对压力、困惑或难题时的看法、情绪和行为，巩固服务对象所学到的应对新冠感染的技能，鼓励服务对象将小组中的经验运用于生活当中。在"小组总结与展望未来"环节，服务对象积极分享自己在小组中的收获以及对未来的期待与规划，共同展望美好明天。

五、总结评估

（一）评估方法

本小组的评估方法包括：服务对象意见反馈表、小组前后测表和社会工作者观察法。

（二）评估内容

服务对象疫情期间的压力缓解状况以及朋辈支持状况。

（三）服务对象的评价情况

小组整体满意度为100％。

（四）目标达成情况

88.89％的青少年对"能掌握三种及以上应对新冠感染的小妙招"目标达成情况表示"非常满意"，11.11％的青少年表示"满意"；77.78％的青少年对"能轻松愉悦地以'吐槽大会'的形式将压力正确地表达出来"目标达成情况表示"非常满意"、22.22％的青少年表示"满意"；77.78％的青少年对"疫情期间的压力有所缓解"目标达成情况表示"非常满意"，22.22％的青少年表示"满意"。

六、专业反思

（一）经验总结

1. 小组开展前应做好充足的准备工作

小组开展前，社会工作者需要给小组成员打电话提醒服务对象按时参与小组活动，并将网络设备调整好、所需要的资料准备齐全，有利于保证小组活动的顺利开展。小组活动开展前，服务对象就共同话题展开热烈讨论，活跃了气氛，有利于带动小组成员在活动开展过程中积极发言，为小组活动的顺利进行奠定了良好的基础。

2. 小组内容的适切性及介入方法

社会工作者与服务对象一起商讨活动内容，活动环节既趣味性十足、符合青少年新奇乐观的年龄特征，又充分体现了小组工作的专业性，通过同辈群体间的经验分享、情感支持及趣味任务，发挥了青少年群体力量。小组开展过程中，社会工作者重视小组服务对象之间的互动。服务对象之间密切的互动关系，是小组存在和发展的动力。社会工作者要积极协调和鼓励服务对象在小组内的互动，引导服务对象主动表达自己的困惑，寻找小组的共同需求，挖掘小组的正向动力，主动思考和解决问题，踊跃提出有利于小组发展的建设性意见，实现服务对象个人及小组的发展目标。

（二）不足之处

农历年前，由于疫情原因，本小组主要采用腾讯会议线上开展。农历年后，疫情有所缓解，社会工作者规划将小组第五节开成线下小组。但部分服务对象表示此时还在老家或者活动开展当天正在赶回广州的路上，为了不耽误其他服务对象的开学时间，社会工作者与服务对象一起商讨将小组第五节的时间由原来计划的2月3日，提前至1月31日。开展形式还是线上，但是增加了趣味游戏"谁是卧底"。其实，线上开展的效果并不如线下的好，服务对象间分享信息、互动交流只能通过单一的语音来进行，缺乏肢体互动和眼神交流。在以后的工作中，社会工作者应结合实际情况多开展线下活动，多方面、多层次地满足服务对象想要缓解疫情期间压力的需求。第四节"羊羊开心来互助"中漂流文档这一环节需要改进。线上开展时有个别服务对象不会使用Word在线编辑文档，甚至有的服务对象在文档中修改了其他服务对象的困惑、疑问和问题回复。若是线下举行，漂流瓶会增加小组的趣味性，同时还会让服务对象之间通过互动找到解决压力的办法，增强战胜疫情的信心。

七、督导点评

本次小组中，社会工作者精心策划，积极招募符合条件的服务对象，在每次小组开始之前，都进行了充分的准备。每次小组结束之后能够及时完成记录和工作反思，并且对下次小组进行改进。我想这是小组服务对象能够积极参与，小组工作能够获得成效的前提条件。虽然我们是线上小组，服务对象的互动和交流、服务对象的参与与沟通受到很大限制。但是在社会工作者的组织下，我们看到服务对象的积极性很高，小组成效也比较显著。社会工作者能够较好地探索和发挥网络技术的促进作用。虽然，我们是进行线上的小组活动，但是社会工作者通过"共享文档""腾讯会议"等网络载体，一定程度上缓解了线上交流的不足。当然，我们也看到服务对象和社会工作者在反思的时候也指出，如果在线下，可能活动的形式会更加多样，服务对象的参与度也会更高。

作者简介

王家乐，中共党员。社会工作专业本科毕业生，助理社会工作师，广州粤穗社会工作事务所社工，华南理工大学在读研究生。

工会社会工作服务

打造"奔跑者"心灵驿站，
建设劳动者"暖心之家"

——海珠区工会社会工作服务计划

汪晓文

一、背景介绍

近年来，平台经济迅速发展，创造了大量就业机会，依托互联网平台就业的网约配送员、网约车驾驶员、货车司机、互联网营销师等新就业形态劳动者数量大幅增加。根据第九次全国职工队伍状况调查结果，目前新就业形态劳动者有 8400 万人，他们为经济发展和城市发展作出了自己的贡献。但是，因为身份问题，新就业形态劳动者长久游离于工会组织之外，劳动合法权益得不到保障，社会地位不高，身心压力比较大。

2021 年 7 月，人力资源社会保障部、国家发展改革委、交通运输部、应急部、市场监管总局、国家医保局、最高人民法院、全国总工会共同发布《关于维护新就业形态劳动者劳动保障权益的指导意见》。该意见明确提出，各地区各有关部门要认真落实本意见要求，出台具体实施办法，加强政策宣传，积极引导社会舆论，增强新就业形态劳动者职业荣誉感，努力营造良好环境，确保各项劳动保障权益落到实处。

2021 年 7 月，中华全国总工会制定并发布了《中国工运事业和工会工作"十四五"发展规划》，明确要以货车司机、网约车司机、快递员、外卖配送员等新就业形态劳动者为重点，推动制定和修改完善有关法律法规和政策制度，做到教育引导、建会入会、维权服务一体推进。2021 年 9 月，广州市总工会制定《广州市总工会关于新就业形态劳动者工会工作改革措施》，从加强思想政治建设、推进建会入会、维护合法权益、强化服务体系建设、提升素质能力、加大组织保障力度 6 个方面出台 25 条改革举措，全面加强新就业形态劳动者工会工作。

为全面认真贯彻落实全总、省总、市总关于做好新就业形态劳动者工会工作方面的要求，切实提高新就业形态劳动者职业荣誉感，努力营造良好环境，推动各项劳动保障权益落到实处，增强新就业形态劳动者的获得感、幸福感和安全感。工会社工立足新就业形态劳动者的需求，充分发挥社会工作的专业作用，特此打造"奔跑者"心灵驿站，建设劳动者"暖心之家"——海珠工会社会工作服务计划。

二、服务对象

广州市海珠区基层工会，企业职工及其家庭。

三、服务计划

（一）服务目标

1. 总目标

强化政治引领，积极引导新就业形态劳动者听党话，跟党走，提高新就业形态劳动者的职业荣誉感，努力营造良好环境，增强新就业形态劳动者对工会的认同感和归属感，让新就业形态劳动者感受到工会组织"娘家人"的温暖。

2. 分目标

丰富新就业形态劳动者的节日文化生活，增强其工作热情；关心新就业形态劳动者的心理健康，缓解其心理方面的压力；增强新就业形态劳动者的法治素养，提高其维护合法权益的能力；扩大新就业形态劳动者的社会支持网络，提高其职业荣誉感。

（二）服务计划

1. 和谐之家计划

以项目服务总站为主阵地，通过线上、线下相结合的方式针对新就业形态劳动者开展法律宣传、法律咨询等方面的服务，提升其法治素养，提高其维护合法权益的能力。

2. 暖"新"行动计划

发挥工会社工的专业优势，整合政府、企业、社会组织、爱心人士等多方面的社会资源，为新就业形态劳动者开展节日关爱、文体康乐等方面的服务。

3. 心灵花园计划

针对新就业形态劳动者身心压力比较大的问题，通过发挥工会社工的作用，通过线上、线下相结合的方式，开展心理健康知识普及、心理健康检测、心理减压等方面的服务

（三）服务理论

社会支持网络理论。在社会生活中，人与人之间的相互支持对维系正常的社会生活是必不可少的，而劳动者生活中所遇到的许多问题往往也是由于缺乏必要的社会支持而产生的。社会支持网络指的是一组个人之间的接触，通过这些接触，个人得以维持社会身份并获得情绪支持、物资援助和服务、信息与新的社会接触。一个人所拥有的社会支持网络越强大，就能够越好地应对来自外部的挑战。针对新业态劳动者社会网络资源或利用社会网络能力不足的特点，在本项目中，社工以"新业态劳动者之家"为阵地，搭建工会与职工间、社工与职工间、职工与职工间的交流平台，联动工会与社区资源，为新业态劳动者的身心健康、社会支持建立专业的互助资源信息库，以实际行动体现工会、社工对新业态劳动者的关爱与支持。

（四）服务策略

1. 广泛联系，多方联动，建立起与新就业形态劳动者的联系机制

通过实地走访、电话等方式，建立、维持与新就业形态劳动者的密切联系，了解其需求。

2. 构建服务新就业形态劳动者的社会支持网络

通过发挥社会工作者倡导、资源链接的优势，整合政府、企业、社会组织、爱心人士等方面的资源，构建服务新就业形态劳动者的社会支持网络。

3. 以服务为抓手，让新就业形态劳动者感受到"家"的温暖

通过开展关爱、法律宣传、文体康乐、心理减压等形式多样、内容丰富的活动，让新就业形态劳动者感受到"家"的温暖。

四、计划实施过程

服务计划	活动名称	活动时间	活动内容
和谐之家计划	"普法骑士"海珠区工会法律宣传志愿服务队成立暨职工迎中秋活动	2021年7月	借助法律宣传志愿队，为新就业形态劳动者搭建寻求法律咨询的平台，让更多的职工了解维护自己合法权益的途径，并增强社会责任感，扩大法律宣传覆盖面
	第二支"普法骑士"海珠区工会法律宣传志愿服务队成立	2021年12月	扩大工会法律维权在外卖骑手群体中的宣传面，普及法律知识，并增强新就业形态劳动者社会责任感，扩大法律宣传覆盖面
	"普法骑士"海珠区工会法律宣传志愿服务队成立——顺丰速运怡乐村营业部	2022年7月	为职工搭建寻求法律咨询的平台，让更多的职工了解维护自己合法权益的途径；激发职工的社会责任感，吸纳更多社会力量加入法治宣传队伍
	"普法骑士"海珠区工会法律宣传志愿服务队成立——美团问鼎江南西站	2022年7月	通过成立法律宣传愿服务队，为职工志愿者搭建了一个学习法律知识的平台，进一步提升广大职工法治思维、法治素养，促进法治社会的建设，构建和谐社会环境
	暖"新"送法，"典"亮生活——海珠区工会关爱新业态劳动者法律知识竞答活动	2023年5月	扩大了工会法律宣传服务的覆盖面，弘扬了法治精神，形成了帮助新业态劳动者学法、懂法、用法的良好氛围，也让广大新业态劳动者感受到工会的关心和关爱
	"情系职工 携手筑梦"海珠区工会法律宣传活动	2023年8月	通过开展法律维权服务，向新业态劳动者进行法律知识宣传，增强了新就业形态劳动者的法治观念，加强对新业态劳动者的关心关爱，增强新业态劳动者的获得感、幸福感和认同感
暖"新"行动计划	"义企"关爱"城市守护者"送清凉行动	2021年7月	积极动员广大企业参与关爱新就业形态劳动者的行动，搭建起企业展现社会担当的平台，凝聚起服务职工的企业力量
	海珠区工会携手爱心企业为快递小哥送温暖	2022年1月	让快递小哥能够感受到浓浓的年味，以及工会对他们的关心与温暖
	暖"新"同行一起向未来——海珠区新业态劳动者之家启动仪式	2022年6月	社工积极链接资源，联动街道总工会建立新业态劳动者之家，让新业态劳动者有一个可以活动的家，感受到工会的关心与温暖
	夏日送清凉 同心向未来——海珠区工会暖"新"在行动	2022年7月	社工积极链接资源，为新业态劳动者送清凉，送上最暖心的问候、最诚挚的感谢，以实际行动表达工会对职工的关心，增强新业态劳动者的活力、归属感

续表

服务计划	活动名称	活动时间	活动内容
暖"新"行动计划	永远跟党走 奋进新征程——海珠区工会新业态劳动者拔河比赛	2022年7月	通过开展拔河比赛活动，帮助新业态劳动者放松心情，激发正能量，让职工更有信心、更有力量面对工作中的困难，鼓舞感召广大职工不忘初心跟党走，奋力在新征程中创造新的辉煌
	"以智抗'疫'·'疫'起同行"新业态劳动者防疫健康宣传活动	2022年12月	通过开展本次健康守护活动，让新业态劳动者了解疫情防护的知识，做自我健康第一责任人，共同守护海珠区新业态劳动者健康
	情暖劳动者 穗岁平安年——海珠区工会新春关爱行动	2023年1月	以春节为契机，为新业态劳动者送上"年货"，以及新春的祝福，以多元的形式传承年俗文化，让留穗过年的新业态劳动者感受到"年的味道"和工会温暖
	相约母亲节，把爱带回家——海珠区工会关爱女性新业态劳动者活动	2023年5月	通过开展本次关爱活动，对女性新业态劳动者表达母亲节的祝福，让其感受工会的关心和温暖
心灵花园计划	"关爱心灵 健康生活"——线上心理健康知识科普活动	2021年7月	通过本次活动，让广大职工学习并了解掌握基础心理健康知识
	"让心灵快乐飞翔"——海珠区户外劳动者团体心理减压活动	2021年7月	社工结合活动开展心理团体辅导，在游戏过程中，帮助骑手们减压，迎接未来的工作与生活
	暖心之行，快乐之旅——海珠区工会新业态劳动者团体心理减压活动	2022年6月	社工借助心理团建活动的形式，让职工把所学知识从内化再到外化，更好地释放压力、放松身心，在游戏互动中，增强团队沟通、协作，实现个体行为的改变
	"压力随心走 如祺行四方"心理健康系列活动	2022年8月	通过开展此次心理健康系列活动，给职工之间提供了相互交流的平台，鼓励职工学习减压技巧与沟通技巧，促使他们融洽相处，并增强新业态职工应对压力的能力
	"悦"读润心，"书"适生活——海珠区工会新业态劳动者心理健康读书活动	2023年4月	通过阅读心理健康类书籍，分享读后感，并参与线上答题等活动强化阅读，加深了新业态职工对书本内容的理解，让他们在轻松欢快的氛围中度过了丰富多彩的时光

续表

服务计划	活动名称	活动时间	活动内容
心灵花园计划	赋能减压　快乐同行——海珠区新业态劳动者团体心理减压活动	2023年4月	通过做运动、做游戏，帮助骑手们较好地释放压力，放松身心，增强了团队凝聚力，拓展了社会支持网络
	为平安出行充电　为美好生活赋能——海珠区总工会、广州市网约车行业工会联合关爱新业态劳动者活动	2023年5月	通过本次活动，增强了服务对象文明出行的安全意识，同时让服务对象了解心理健康知识，加强了对心理健康的重视
	情暖小蜜蜂　注入心能量——海珠区工会关爱新业态劳动者心理健康活动	2023年5月	引导新业态劳动者学会如何在复杂的社会生活环境下提升自我抗压、减压能力，使其以健康积极的心态面对生活中遇到的困难和挫折，快乐工作和生活

五、总结评估

(一) 服务成果

第一，以工会服务为核心，充分调动各方资源，汇聚各方力量，为新业态群体降压增能、排忧解难，让新业态群体感受到工会的关怀与温暖，整合政府、企业、社会组织等抗疫社会资源折合人民币30余万元。

第二，成立了新业态劳动者之家，有了服务阵地，才能充分发挥工会桥梁纽带作用，使新业态就业群体利益得到切实的维护和保障，增强了他们的社会支持网络。

第三，通过为新业态群体开展各种暖心服务，促进新业态劳动者入会，在活动现场，推动1000余名新就业形态劳动者加入工会。

(二) 满意度调查

1. 服务对象满意度

服务意见反馈表数据显示，100%的服务对象对社工开展的专业服务表示满意，较好地达成了目标。还有不少服务对象在活动中分享通过参与活动，能放松心情，舒缓压力，能以理性、平和的态度去看待工作中遇到的不公平，也能以积极的态度去解决问题。

2. 合作站点满意度

在本项目中，合作站点达到 15 个，还有个别站点多次组织送餐员参与我们的服务，其中有站长表示感受到自己的员工有了一定的转变，他们工作积极性提高了，对客人的态度也越来越好，整个团队的凝聚力也有所提高，营造了良好的团队协作、互助氛围。

3. 合作方满意度

社工积极链接资源，与广东省总工会驻琶洲街道总工会工作组、凤阳街道总工会、赤岗街道禁毒办等政府机关单位合作，各单位积极提供资金、物资、人力等资源，使活动取得了较好的成效。在活动结束后，社工通过访谈了解到合作方都是比较满意的，并表示以后会持续合作，进一步做深做实新业态劳动者的服务。

（三）社会影响

通过项目微信公众号、机构微信公众号、机构网站发布项目服务介绍、活动通讯稿等推文，收到了很好的宣传效果。另外广东电视台、广东省总工会、《南方工报》、广州市总工会 App、海珠区总工会微信公众号、《羊城晚报》、网易新闻、金羊网、腾讯网等均报道了相关活动，较好地引起了区、街道、企业对新业态劳动者的关注。

六、督导点评

广州粤穗社会工作事务所负责海珠区总工会服务项目的社工们针对新业态劳动者的服务需求，整合社会资源，建设起覆盖全区的"奔跑者"心灵驿站、"暖心之家"，让新业态劳动者累了有地方休息、渴了有水喝、热了有清凉、冷了能取暖。心灵驿站成为新业态劳动者的"暖心之家"，新业态劳动者休息歇脚有了"专属空间"。"奔跑者"心灵驿站由党员、志愿者参与日常管理，确保驿站运行常态化、管理规范化。"奔跑者"红色驿站开放以来，吸引了许多新业态劳动者光顾，也收获大量好评。驿站还根据"奔跑者"的职业特征，定期开展儿童托育、心理疏导、法律服务、健康义诊等活动，满足了新就业群体的个性化需求。同时，社工们引导"奔跑者"发挥优势回馈社会。社工们注重引导"奔跑者"参与社会治理，充分发挥走街串巷、熟悉社区楼宇的优势，鼓励他们担当社会政策宣传员、文明劝导员、信息反馈员、平安巡防员，从"社会为我服务"向"我要服务社会"转变。驿站服务让温暖深入人心，新业态劳动者又将温暖回馈给社会，成为美好生活共同的创造者、守护者。

作者简介

汪晓文，广州粤穗社会工作事务所项目主任，中级社工师，华南理工大学在读硕士。

建造职工"心灵花园"，赋能职工心理健康

——全员心理关爱工会社工服务计划

周柳湘

一、背景介绍

《中共中央关于制定国民经济和社会发展第十四个五年规划和二〇三五年远景目标的建议》多次提到心理健康教育、社会心理服务体系建设（具体体现在第四十四条高质量教育体系建设、第四十六条全面推进健康中国建设、第五十二条维护社会稳定和安全）。《国务院办公厅关于印发"十四五"国民健康规划的通知》中，将"完善心理健康和精神卫生服务"列入工作任务之一，同时对婴幼儿、儿童和青少年、妇女、老人等人群心理健康提出保障措施，全周期保障人群健康。

根据《"十四五"国民健康规划》要求，结合海珠区工会社会工作服务项目的服务对象特点，工会社工重点关注"加强职业健康保护，促进职场人心理健康"这一项服务内容。加强职业健康保护，促进职场人心理健康，推动用人单位开展职工健康管理工作，加强职业健康管理队伍建设，提升职业健康管理能力。全面提高劳动者职业健康素养，倡导健康工作方式，显著提升工作相关的肌肉骨骼疾病、精神和心理疾病等防治知识普及率。

二、分析评估

通过广泛查阅文献与心理问卷测评，并经过与企业工会负责人、职工的深入交流，社会工作者发现，不同专业、不同岗位、不同部门、不同年龄的绝大部分员工都有着比较积极的工作价值观，但同时也存在不同程度的心理

不和谐，主要有以下表现。

一是因企业绩效考核、工作难度、疫情状况不明朗等因素，让职工产生了工作压力，从而引发了职工心理问题。

二是职工在社会交往过程中与人产生摩擦，且运用了错误的方法应对，以致影响职工的心理和谐，以及企业的稳定与团结。

三是因子女教育、亲子沟通等问题，影响了亲子关系、家庭关系，导致职工容易产生消极情绪。

因此，社会工作者总结出以下几点需求。

1. 职工个人需求

缓解工作压力，以及缓解抑郁、焦虑等负面情绪，提升自我心理调节能力的需求。

2. 职工家庭需求

增进亲子沟通、互动，提升亲子亲密度，营造良好的家庭氛围的需求。

3. 企业需求

搭建职工学习、交流平台，增强团队凝聚力，营造良好的人文环境的需求。

三、服务计划

（一）服务目标

帮助职工掌握心理调适方法，提高心理健康水平，提升亲子亲密度；促进职工沟通、交流，提高团队凝聚力，营造良好的人文环境；协助企业建立心理健康服务阵地，打通职工心理健康服务最后一米。

（二）服务计划

1. 心·相知

心理健康教育计划：围绕情绪调节、压力管理方面内容，开展心理健康讲座以及线上推送心理健康知识，帮助职工提升自我心理调节能力。

心理健康辅导计划：通过个体心理咨询热线、一对一心理辅导、团体心理辅导、工作坊等形式，帮助职工减轻心理压力，舒缓负面情绪，重塑积极阳光的心态。

2. 心·相伴

亲子关系升温计划：通过开展多元化的亲子活动，为职工建立亲子沟通交流、互动平台，以及亲子关系、家庭关系等专业知识的学习平台，帮助职工建立亲密的亲子关系，营造良好的家庭氛围，增强家庭支持网络功能。

3. 心·相融

社会心理融合计划：积极链接各级总工会、企业工会、社区等资源，深入浅出开展心理健康宣传、心理关爱、人文关怀活动，倡导关注心理健康，营造良好的人文环境，促进社会融合；协助企业建立心理健康服务阵地，打通心理健康服务最后一米。

（三）服务理论

1. 社会支持网络理论

社会支持网络理论认为每个人都处于社会关系之中，无法孤立于他人而存在，其基本假设有：人类的生存需要与他人合作，并且依赖他人从而获得协助；人们在遭遇一些事件时，需要自身资源以及外部资源的支持；当遭遇事件处于压力之下时，社会支持网络能缓解负面的压力，而一个人所拥有的社会支持网络越强大，就能够越好地应对来自外部的挑战。在项目中通过社工活动搭建社工与职工之间、职工与职工之间的交流平台，联动各级总工会与社区资源，为职工的心理健康建立专业的互助资源信息库，加强工会对职工心理健康的支持。

2. 社会学习理论

社会学习理论，强调个人的行为是由个人与环境的交互作用决定的，人的大部分社会行为是通过观察、模仿、认同和社会增强作用而习得的。因此本项目活动中将为职工营造良好的互相学习环境，社工通过开展心理健康知识讲座、心理团体辅导活动，协助职工自我放松与自我调适，通过与职工建立稳定的关系，带领职工系统地学习心理健康知识，在一定程度上增强职工的抗压能力。

3. 家庭沟通理论

沟通是彼此传递信息与分享信息的过程。沟通有利于家庭成员化解家庭冲突和紧张，促进家庭成员角色的确立和家庭功能的正常运转。因此，本项目活动通过开展多元化的亲子活动，为职工家庭搭建交流互动平台，增进职工家庭成员间的感情。

（四）服务策略

1. 积极宣传、科普心理健康的重要性

通过走访企业、园区，线上发布信息等方式，积极宣传心理健康的重要性，科普心理健康知识，推动企业、职工关注心理健康，主动参与或接受心理健康服务。

2. 搭建学习、交流平台，建立长效学习机制

（1）建立职工交流群、亲子沟通交流群等学习、交流平台，通过心理健康讲座、线上推送心理健康知识等方式，推动职工积极学习心理健康相关知识，帮助职工掌握心理调适方法，提高心理健康水平。

（2）通过推荐心理学专业书籍，以及开展线上阅读分享活动等，引导、鼓励职工阅读、学习，并促进职工定期分享、交流学习心得，形成良好的学习氛围。

3. 开展"线上+线下"服务，发挥"社工+心理咨询师"专业作用

（1）积极搭建心理健康线上服务平台，开通线上心理健康测评服务、咨询服务等，让职工能及时了解自己的心理健康状况，以及找到解决心理问题的方法。

（2）针对职工的个人问题，引入心理咨询师资源，为职工提供专业个体心理咨询，帮助职工找出引起心理问题的原因和症结，寻求摆脱困境、解决问题的条件或对策。

（3）针对职工的共性问题，通过开展团体辅导、工作坊等活动，帮助职工释放压力、纾解负面情绪，以积极乐观的心态面对生活；改善与他人的关系，增强团队合作精神，提高团队凝聚力。

4. 积极推动心理健康服务阵地建设，打造示范阵地

（1）通过进企业宣传，推动企业建立"心灵驿站"心理健康服务阵地，

为职工提供心理健康服务平台；不断丰富阵地内涵，打造示范阵地。

（2）推动企业积极开展心理健康服务，营造人文、关爱、和睦的企业文化氛围，进一步推动心理健康服务阵地高质量建设。

四、计划实施过程

服务计划名称	子计划名称	服务内容	服务对象及服务人数	开展情况
心·相知	心理健康教育计划	线上心理健康知识科普	海珠区职工；500人次以上	2022年1月开始，每月1期；共发布12期
		走访企业工会进行宣传、教育	海珠区企业；1000人次以上	2022年1—12月，持续开展，已走访70家企业
		"压力随心走　如祺行四方"海珠区新业态劳动者线上心理健康讲座	海珠区网约车司机；1500人次	2022年7—10月
		关爱心灵　健康生活——海珠区工会线上心理健康宣传活动	海珠区职工；100人以上	2022年11月
	心理健康辅导计划	心理咨询热线	海珠区职工；100人次	持续开展，已服务超过100人次
		心理健康测评与筛查	海珠区职工；100人次	持续开展，已超过100人次进行心理健康测评
		个体辅导：一对一心理咨询	海珠区职工；30人次	持续开展，心理咨询服务20人次；开展4个专业个案，服务20人次
		关爱女性心灵健康——海珠区基层工会"三八"妇女节系列活动之"巧手慧心　幸福编织"手工制作减压活动	海珠区女性职工；40人次	2022年3月1—31日
		"暖心之行　快乐之旅"海珠区工会新业态劳动者团体心理减压活动	海珠区美团送餐员组长；25人	2022年6月29日
		舞动身心　让情绪流动——海珠区工会一线抗疫职工心理减压活动	海珠区企业职工；20人	2022年12月10日
		心灵花园——海珠区工会职工园艺减压小组	海珠区幼儿园教职工；40人次	2022年8月11—25日

续表

服务计划名称	子计划名称	服务内容	服务对象及服务人数	开展情况
心·相伴	亲子关系升温计划	"用心沟通　暖心陪伴"海珠区工会职工亲子沟通技巧线上活动	海珠区职工及子女；50人次	2022年4月28日
		"在合作中陪伴　在沟通中成长"海珠区工会职工亲子活动	海珠区职工及子女；20人	2022年9月17日
心·相伴	亲子关系升温计划	童心童话　"剧"好玩——海珠区工会职工亲子沟通活动	海珠区职工及子女；24人	2022年11月5日
		"疫"样时光　乐趣多——海珠区工会职工亲子创意手作活动	海珠区职工及子女；36人	2022年11月24—30日
心·相融	社会心理融合计划	"以劳育美　以劳赋能"庆祝五一国际劳动节园艺种植活动	海珠区江海街道职工；147人	2022年4—5月
		新起点　新征程　新梦想——海珠区工会职工趣味运动会	海珠区琶洲街道职工；70人	2022年5月28日
		永远跟党走　奋进新征程——海珠区工会新业态劳动者拔河比赛	海珠区新业态劳动者；60人	2022年7月28日
		花好月圆人团圆　凝心聚力向未来——海珠区工会职工中秋同乐活动	海珠区官洲街道职工；50人	2022年9月8日
		"疫"起乐动·悦唱悦乐——海珠区工会职工线上音乐会	海珠区职工；45人	2022年11月25日

五、总结评估

(一) 服务产出

服务指标完成情况：14个活动、1个小组、4个专业个案、10个咨询个案，线上推送心理健康知识、心理专业书籍12期，走访街道、企业工会，沟通联系街道、企业工会200次，协助1家企业建立心理健康服务阵地。

服务覆盖面：本项目共吸引了20家企业参与，直接服务超过5000人次，间接服务超过15000人次。

（二）服务成果

1. 职工学习到心理健康知识

通过项目，帮助职工学习心理健康知识，掌握心理调适方法，提升了职工心理健康素养，改善职工亲子关系，促进了职工的身心健康。

2. 服务面扩大

通过项目可以进一步服务更多的企业、职工，扩大服务覆盖面，让企业可以更好地了解职工的心理健康状况，提高企业对职工心理健康的关注程度，以及帮助企业预防或解决职工的心理危机事件。

3. 搭建起"心灵驿站"心理健康服务阵地

通过项目，让企业、职工找到了处理心理问题的渠道，打通职工心理健康服务的最后一米。

4. 建立了服务体系

经过服务探索，建立了"1234"职工心理健康服务体系，即一个联动机制："工会＋社工＋企业"；两级服务平台：海珠区职工心理服务站（心灵驿站），企业心理服务阵地或联络点；三类专业人才团队：心理咨询师、社工师、督导；四种服务方式：宣传、测评、培训和咨询。从而达到根本、高效、精准地为职工提供专业服务。

（三）服务对象满意度

1. 职工满意度

服务意见反馈表数据显示，100％的服务对象对社工开展的专业服务表示满意，能较好地达成目标。还有不少服务对象在活动中或者微信交流群分享通过参与活动，能更好地了解自己，认识到问题所在，能以积极的态度面对工作、生活。

2. 合作企业满意度

与最大的一个合作方（如祺出行）联系沟通的心理健康服务项目负责人反馈：企业表示已经越来越重视网约车司机身心健康、安全生产、劳动保护等方面，这次能与广州粤穗社会工作事务所、海珠区工会社会工作服务项目合作开展"新业态劳动者职业心理健康关怀与辅导"项目，共同探索和完善新业态企业的安全生产和劳动保护工作机制，为在"互联网＋"新业态形势下的新业态劳动者身心健康、出行安全等权益保护工作提供实践经验；同时也较好地帮助网约车司机掌握心理健康知识，提高心理健康水平和工作效率，感到非常荣幸。

（四）社会影响

通过项目微信公众号、机构微信公众号、机构网站发布项目服务介绍、活动通讯稿、心理健康知识科普等推文，仅项目微信公众号、机构微信公众号阅读量已达到5000人次以上，起到了很好的宣传效应。另外，海珠区政府官网、海珠区总工会微信公众号、《羊城晚报》、《信息时报》（微社区E家通）、网易新闻、金羊网、腾讯网等均报道了相关活动，较好地引起区、街道、企业关注职工心理健康。

本项目通过参加广东省总工会心理健康服务优秀案例、全国社会心理服务体系建设优秀案例等申报，不断扩大了服务影响力。项目最终获得广东省总工会心理健康服务优秀案例二等奖。同时，通过总结服务模式、成功经验，形成可复制可推广的经验做法，借助广东省总工会、国家心理健康和精神卫生防治中心等平台进一步推广，充分发挥了示范带动作用。

六、专业反思

（一）经验

1. 建立心理健康宣传教育机制，让服务更广泛、有效

通过走访企业、外展宣传、网络平台推送、宣传栏，以及心理健康知识讲座、心理健康宣传手册等多种渠道向职工普及和宣传心理健康知识，让职工了解自己的心理状况，掌握心理调适方法，帮助他们树立正确的心理健康理念，提升职工的参与度与支持度，使他们对心理知识不排斥，遇到问题不回避。通过知识的普及，让职工能够判断和识别自己是否有心理方面的需要，知道心理有问题要找谁、怎样解决，提升职工处理工作、生活中矛盾的能力，

提高心理健康水平和素养。

2. 搭建心理健康服务平台，让服务更贴心、便捷

将线上咨询与线下疏导相结合，让心理服务效果更加凸显。首先，建立职工心理服务微信平台，职工可以在平台上以匿名方式进行心理测试，享受24小时线上咨询服务，让职工坦诚表达自己的困惑和隐私问题，使心理咨询服务更容易为职工所接受。

同时，协助企业建立"心灵驿站"，设置心理咨询室、心理减压室、心理放松室、阅览室等，让职工可以享受家门口的心理服务，让服务更贴心、更便捷。

3. 组建心理健康服务团队，让服务更专业、精准

通过挖掘、发展心理咨询师作为志愿者，以及培育企业内部心理健康服务骨干等方式，组建一支常态化、专业化的心理健康服务骨干队伍。同时，充分发挥"社工＋心理咨询师"双专业联动的作用，为职工提供专业、精准的服务。

（二）启示

1. 心理健康服务人才队伍建设方面

在本项目中，社会工作者积极协助企业选拔心理健康服务骨干，并建立了心理健康服务团队，但是做好人才培育、团队建设存在一定困难，而且也需要比较长的时间才能见成效。因此，社会工作者会继续在实践中积极探索，找出解决问题的方法，认真做好人才培养方案，进一步协助更多企业培育心理健康服务人才。

2. 心理健康服务阵地建设方面

本项目从需求出发，以人为本，所反映的问题具有典型性和代表性，具备继续发展和推广的可能，有着良好的运行基础。在2022年度服务过程中，社会工作者协助2家企业搭建心理健康服务阵地。后续，社会工作者需进一步丰富心理健康阵地内涵，并把服务前期搭建起的心理健康服务阵地作为示范点，形成可复制、可推广的服务模式，进一步推动更多的企业建立心理健康服务阵地，让更多职工关注心理健康，享受心理健康服务。

七、督导点评

心理健康是人在成长和发展过程中，认知合理、情绪稳定、行为适当、人际和谐、适应变化的一种完好状态。心理健康事关个体的幸福，家庭的和睦，社会的和谐。本项目聚焦职工的心理健康，通过培育心理健康服务人才队伍，建设心理健康服务阵地，以"社工＋心理咨询师"的联动，将"心灵健康驿站"建在企业上，对于提升职工的心理健康水平，促进职工发展与和谐劳动关系的建立，取得了良好的服务成效。该项目参加了2022年度广东工会心理健康服务优秀项目征集活动并荣获二等奖，具有一定的社会影响力。

作者简介

周柳湘，心理健康教育硕士，心理咨询师（国家二级），中级社工师，现任职于广州粤穗社会工作事务所，为海珠区工会社会工作服务项目创新部部长。

暖"新"送法，"典"亮生活

——关爱新业态劳动者法律知识宣传活动

张　颖

一、背景介绍

随着"互联网＋"新经济形态的全面推进，平台经济快速发展，我国的用工形式也发生了巨大变化。"快递小哥""外卖骑手"是互联网经济大背景下的一种用工形态，相比传统就业模式，骑手在劳动过程、从属关系等方面都发生了变化。当自身权益受到挑战时，新业态劳动者要如何拿起法律的武器捍卫自身权益成了其目前面临的主要问题和困难。

为切实保障新业态劳动者基本权益，深入学习宣传贯彻党的二十大精神，加强新业态劳动者权益保障，提高新业态劳动者的法治素养，海珠区工会社会工作服务项目通过线上、线下相结合，组织开展"暖'新'送法，'典'亮生活——海珠区工会关爱新业态劳动者法律知识宣传活动"，通过竞答方式，提高新业态劳动者的法律意识，助力新业态经济高质量发展。

二、分析预估

（一）工会需求

为贯彻落实习近平总书记关于新业态劳动者权益维护的重要指示精神，切实落实省、市、区关于做好关心关爱新业态劳动者工作的有关部署要求，工会希望以此活动为契机，结合新业态劳动者发展现状，充分发挥工会在维护新业态劳动者权益中的独特作用，团结引导新业态劳动者坚定不移听党话、跟党走，加强新业态劳动者的权益保障，提高新业态劳动者的法治素养，助力新业态健康发展。

（二）职工需求

社工根据以往的服务经验和新近调查了解到，新业态劳动者在日常工作生活中，经常会遇到需要了解相关法律法规知识、法律咨询和合法权益维护等方面的问题，有维护自己合法权益的需要。因此社工希望通过该活动，围绕新业态劳动者实际需求，以新业态劳动者喜闻乐见的形式，宣传相关的法律法规，增强新业态劳动者法治观念，不断提高新业态劳动者获得感、幸福感、安全感。

三、服务计划

（一）服务目标

1. 总目标

通过搭建学习法律知识平台，为新业态劳动者营造浓厚的法治氛围，使广大新业态劳动者对《中华人民共和国民法典》有更深刻全面的认识和理解，助力提高新业态劳动者的法律意识。

2. 分目标

（1）通过本次活动，80%的参加者对民法典中有关交通安全、房屋租赁、婚姻家庭的法律规定有更加深刻全面的认识。

（2）通过本次活动，80%的参加者了解到更多维护自己合法权益的途径。

（二）服务理论

依据社会支持理论的观点，一个人所拥有的社会支持网络越强大，就能够越好地应对各种来自环境的挑战。个人所拥有的资源又可以分为个人资源和社会资源。个人资源包括个人的自我功能和应对能力，社会资源是指个人社会网络的广度和网络中的人所能提供的社会支持的程度。社会支持网络指的是一组个人之间的接触，通过这些接触，个人得以维持社会身份并且获得情绪支持、物质援助和服务、信息等。

社工希望通过开展法律知识竞答活动，宣传贴合新业态劳动者日常工作生活的法律法规知识，并利用"线上＋线下"竞答的形式，提高新业态劳动者的法治素养，增强新业态劳动者合理地维护自己合法权益的能力，帮助新业态劳动者更好地应对各种来自环境的挑战，助力新业态健康发展。

（三）服务形式

"线上＋线下"相结合。

（四）服务对象

新业态劳动者。

（五）服务时间

线上：2023 年 5 月 19—25 日。
线下：2023 年 5 月 26 日。

四、计划实施过程

时间	活动目标	活动内容及流程
5 月 19—25 日（5.23 下午 17：00 截止答题）	提升职工自身的法律知识素养，增加职工的法律知识储备	1. 社工发布活动推文，内容包括法律知识宣传、法律问答题目和参与规则等 2. 社工转发推文给站点负责人，由各站点负责人鼓励、邀请本站点职工学习法律知识，参与法律知识问答 3. 学习成果检验：通过知识问答的形式，帮助职工巩固所学知识，检查职工学习成效；推文中包含 10 道法律知识题目，答对 8 道题及以上的前 80 名即可获奖（按照答题时间先后排序），可获得礼品一份 4. 社工整理及公布获奖名单
5 月 26 日 13：00—14：30	做好活动准备工作，保障活动顺利进行	1. 场地布置：现场分 6 组，每组 3 个座位；每组的位置上需放置记分牌和队伍名称牌 2. 参与者签到，按队伍入座

续表

时间	活动目标	活动内容及流程
5月26日 14：30—14：40	让职工明晰开展本次活动的意义	社工简单介绍活动的背景、活动流程和规则等
5月26日 14：40—14：50	提升职工的积极性	主持人邀请各队伍说出自己的队伍名字以及口号，提升团队凝聚力
5月26日 14：50—15：30	1. 增强职工对《中华人民共和国民法典》中有关交通安全、房屋租赁、婚姻家庭的法律规定的认识 2. 帮助职工了解和学习到更多维护自己合法权益的途径	1. 社工介绍竞答规则：知识竞答分必答题和抢答题两种题型 （1）必答题：必答题共5题，分为简答题和判断题，每支队伍按照抽签顺序，依次回答问题，每题答题时间10秒钟，回答正确得10分，回答错误不得分，也不扣分 （2）抢答题：抢答题共10题，主持人读完题干及选项，说出"请抢答"后，每支队伍的选手在法律知识竞赛的微信群中发送号码"1"，率先发送成功的选手视为抢答成功（以主持人电子设备中的排序为准），违反规则的队伍抢答无效。抢答成功的队伍有10秒钟时间思考，回答正确得10分，回答错误或者超时回答则扣10分 2. 如出现同分且无法决出奖项排名的，由对应的同分队通过抢答加赛方式决出。具体方法：主持人从剩余题库中抽取题目，由同分队进行抢答，抢到答题权且答对者加10分；抢到答题权但答错者扣10分，剩余同分队继续抢答。以此类推，直到决出全部奖项 3. 现场决出名次，并为一、二、三等奖队伍颁奖
5月26日 15：30—15：40	了解职工对活动的满意度	1. 社工邀请职工积极分享参与本次活动的体会、感受、收获等 2. 社工进行活动满意度测评 3. 全体人员合影留念

五、总结评估

（一）评估方法

服务对象意见反馈表；社工通过活动现场对服务对象互动交流情况的观察，以及在活动现场与部分服务对象交流了解服务成效。

（二）评估内容

服务对象参与活动后是否了解和学习到更多维护自己合法权益的法律和

途径，对民法典中有关交通安全、房屋租赁、婚姻家庭的法律条款是否有了更加深刻全面的认识，以及对活动的满意度。

（三）服务对象评估情况

服务对象对活动的整体满意度达到100%，有职工在分享参与本次活动的体会时表示："有时候，我们会认为法律距离我们十分遥远，但其实我们的生活中处处有法可依，它与我们的生活息息相关。我们不能做犯法的事，但是必要的时候也要拿起法律作为武器维护自己的权益。通过本次活动，让我们了解到更多维护自己合法权益的途径，而且活动具有趣味性和知识性，学得非常开心。"

（四）服务成效

1. 对受益人群影响分析

通过开展暖"新"送法，"典"亮生活——海珠区工会关爱新业态劳动者法律知识竞答活动，推动民法典走到新业态劳动者身边、走进新业态劳动者心里。本次活动涵盖了美团骑手、快递员（顺丰快递、申通快递）等人群，不仅弘扬了法治精神，形成了帮助新业态劳动者学法、懂法、用法的良好氛围，还扩大了新业态劳动者的社会支持网络，帮助新业态劳动者提升了对资源的运用能力，让新业态劳动者感受到工会的关爱。

2. 对社会影响力分析

本次活动由《南方工报》报道了活动情况，广东省总工会也发布了宣传推文。超过100名新业态劳动者参与了线上、线下竞答，获得了较好的社会效果，扩大了工会法律宣传服务的覆盖面。

六、专业反思

（一）充分发挥社会工作的专业作用

在活动筹备过程中，项目主任、副主任及创新部部长充分发挥了组织协调者、支持者等角色的作用，积极与各新业态站点负责人进行沟通联系，耐心给新业态站点负责人介绍活动流程和活动意义，获得了各站点负责人的大力支持。在活动开展过程中，社工能积极关注参与者的表现，并与参与者保持良好的互动，同时社工能引导职工主动思考、交流，并促进职工始终以专注、积极的状态投入活动。社工以热情、积极的服务态度，在现场营造了一个轻松愉快的活动氛围。

（二）活动内容和环节紧扣职工需求

本次法律知识竞答活动共分为线上和线下两种形式，线上的形式能够贴合新业态劳动者的需求，利用新业态劳动者的碎片化时间，鼓励他们学习法律知识及进行知识问答，同时社工能够充分考虑新业态劳动者的工作时间，在不影响其工作的前提下，与各站长负责人协商合适的时间，将获奖的新业态劳动者的奖品运送至各站点。社工在组织开展线下活动时，能够充分发挥新业态劳动者的主动性和积极性，通过确定队长，以队长带动队员学习和参与知识竞答，增加活动的趣味性，激励新业态劳动者学习法律知识。

活动内容从新业态劳动者的实际需求出发，以民法典的交通安全、房屋租赁、婚姻家庭相关条款为主，对新业态劳动者进行普法和宣传，比较贴合新业态劳动者的日常工作、生活。

七、督导点评

社工关注新业态劳动者的实际需求，通过趣味竞答的方式，加深他们对民法典中关于交通安全、房屋租赁、婚姻家庭的法律规定的认知，协助服务对象掌握维护自己合法权益的法律知识和途径，为其营造了学法、懂法、用法的良好氛围。

作者简介

张颖，中共党员，社会工作专业毕业。广州粤穗社会工作事务所海珠区工会社会工作服务项目一线社工。

有"园"相聚 "艺"路同行

——海珠区工会幼儿教师园艺减压小组

周柳湘

一、背景介绍

随着"双减"政策的实施，极大程度地降低了未成年人的学业负担，但也强调了要强化教师职责。校外培训机构禁止补课，那么提高学生成绩和升学压力自然就转移到了在校教师的身上，势必会对教师的专业知识、专业能力提出更高的要求。在这种背景下，家长们对幼儿园教师教学质量也有了较高的期待。幼儿教师既要提升课堂教学质量，保障幼儿身心健康，又要开展丰富多样的活动，协助儿童的学前发展，这无疑给幼儿教师的教学能力提出了新的挑战。

社工在走访过程中发现很多幼儿园教师都面临着较大的教学压力。由于"双减"政策出台，学科教育回归幼儿园教育的主阵地，另外幼儿园还要正确积极地开展幼小衔接工作，帮助学生做好入学准备；因此，幼儿教师的角色有了新的定位，对幼儿教师的能力也有了更高的要求，让教师们倍感压力，甚至影响到她们的身心健康。为此，社会工作者选取了海珠区 QX 幼儿园作为试点，利用暑假期间，组织开展"有'园'相聚 '艺'路同行——海珠区工会幼儿教师园艺减压小组"，希望以园艺活动为媒介，让服务对象感受万物生长的力量，以及运用自然疗愈力，帮助服务对象释放压力、放松身心，以更好的状态迎接崭新的学期。

二、分析预估

（一）缓解压力的需求

在小组开始前，社会工作者运用心理压力自测量表对服务对象进行了前测，数据显示，服务对象得分均大于 65 分，其中有 25% 的服务对象得分超过 75 分，压力程度达到中等。通过分析得知，服务对象的工作压力、心理压力都比较大，导致出现了一些生理和心理反应，如头痛、肩颈痛、胃痛、容易疲劳、情绪低落等。因此，社会工作者根据服务对象的身心状况，结合助人自助的服务理念，期望通过本小组活动，利用植物、园艺及人与植物的亲密关系，协助服务对象获得身心的滋养。

（二）社会支持的需求

社会工作者通过访谈了解到幼儿园教师接触比较多的人是学生和家长，人际交往圈比较窄，可获取的社会资源也相对比较少。她们在遇到困难的时候，不懂得如何挖掘和利用身边的资源，更多的是依靠自己解决问题，这样也进一步增加了她们的心理压力。因此，社工希望通过小组活动，为服务对象搭建交流和支持平台，让服务对象在互动交流的过程中，进一步建立良好的、融洽的朋辈关系，促进朋辈之间互相帮助、互相支持。

三、服务计划

（一）小组理念

1. 园艺治疗是借植物启发人的五官六感，从视觉、听觉、嗅觉、味觉、触觉全方位接触自然、大地，感受植物的能量，产生愉悦的心情，可以疗愈和抚慰人的心灵，有助于治疗病人，也能增进一般人的身心健康。因此，社会工作者希望通过园艺治疗，协助服务对象放松心情，缓解压力，感受正能量，积极面对困难。

2. 生命周期理论有广义和狭义之分。狭义是指本义，即生物体从出生、成长、成熟、衰退到死亡的全部过程。广义是本义的延伸和发展，泛指自然界和人类社会各种客观事物的阶段性变化及其规律。在本小组中，社会工作者通过让服务对象参与种植活动，了解植物生命周期，感受植物生命力量，从中获取调节压力的良药。

3. 社会支持网络是指一组个人之间的接触，通过这些接触，个人得以维持社会身份并且获得情绪支持、物质援助和服务、信息等。依据社会支持理论的观点，一个人所拥有的社会支持网络越强大，就能够越好地应对各种来自环境的挑战。小组工作的作用之一，就是强化个人的社会资源，增强个人对社会资源的整合度，并协助个人解决生活中的问题。所以在本小组中，社会工作者要动员和发展服务对象的社会资源，协助服务对象建立强有力的关系，促进他们彼此间互相支持。

（二）小组目标

1. 小组总目标

通过小组工作，丰富服务对象的日常生活，扩展社交、舒缓压力、疗愈情绪，树立正向理念，促进身心健康。

2. 具体目标

（1）通过学习园艺知识和参与园艺活动，让服务对象感受园艺种植的乐趣，缓解压力、改善负面情绪。

（2）通过观察种子发芽、开花、结果等一系列植物生长过程，让75%或以上的服务对象感受生命的美好，获得正能量。

（3）通过讨论、分享等互动环节，促进80%或以上服务对象获得情绪支持，加强社会交往，建立社会支持网络。

（三）小组性质

支持性小组。

（四）服务对象

对园艺感兴趣的幼儿园大班教师。

（五）时间

2022年8月11—25日。

（六）小组程序

小组共分为5节，时间均为60分钟。其具体流程安排如下：

节次	时间与地点	活动主题	环节目标	活动内容
1	2022 年 8 月 11 日 17:00—18:00 幼儿园活动室	走进小组 认识园艺	让服务对象了解工会项目、认识社会工作者；通过"七色花"游戏，带出小组主题	1. 社工自我介绍，以及介绍工会项目服务内容等情况 2. "七色花"游戏：给每位服务对象分发一片无色的花瓣，邀请服务对象给花瓣涂上自己喜欢的颜色，并写上自己的名字。写好后邀请服务对象将自己的花瓣贴在白纸的花心周围，同时向大家介绍自己的名字、喜欢的颜色及喜欢的原因 3. 社工总结，引出颜色与压力的关系，并带出小组主题
			引导服务对象了解小组的内容，激发其参与热情，促使服务对象在小组中产生归属感	1. 社工讲解小组活动的内容，介绍园艺活动、园艺治疗、园艺作用等，激起服务对象美好愿景 2. 邀请服务对象分享自己有关园艺活动的经历、收获、感受，以及对即将进行的园艺活动的期待
			共同制定小组契约，形成良好的小组氛围	规则树：在一张大白纸上，画上一棵树干，然后让服务对象添加树叶，在每一片树叶上写上大家共同商定的规则，最后签上各自的名字。每节小组，社工都会将之贴在墙上，让服务对象能看到小组规则，并自觉遵守
			通过分享、总结，让服务对象进一步明确小组收获，巩固成效	1. 邀请服务对象分享本节小组的感受、收获 2. 社工进行总结，并预告下一节内容，建立小组微信群
2	2022 年 8 月 12 日 17:00—18:00 幼儿园活动室	播种绿意 园艺悦心	巩固上节小组内容，为本节小组开展做准备	温故知新：回顾上节内容，介绍本节内容，强调小组契约内容
			进一步增强团队凝聚力，促进服务对象之间互帮互助	1. 热身游戏：穿越 A4 纸 游戏规则：分成 2 组，每组自由讨论，找出方法，让小组全员可以从一张 A4 纸的中间穿过，并要求纸不能断 2. 社工带领服务对象分享 (1) 讨论过程中，大家的沟通情况是怎样的，是否小组全员出谋划策、团结协作 (2) 是否遇到困难，怎么解决

续表

节次	时间与地点	活动主题	环节目标	活动内容
2	2022年8月12日 17:00—18:00 幼儿园活动室	播种绿意 园艺悦心	通过学习知识与园艺活动，培养服务对象的兴趣，提高服务对象对小组的认同感	1. 园艺活动：植物种植 （1）简单讲解盆栽种植的知识 （2）带领服务对象播种，体验种植乐趣，以及让服务对象感受到园艺种植活动的减压作用 2. 社工邀请服务对象分享感受及布置作业： （1）完成种植有什么感受？为什么选种这个植物？这个植物对自己有什么意义或影响等 （2）要求服务对象写观察植物生长日记，以及记录心情 （3）在微信群里分享种植植物的照片，以及植物生长情况的照片
			通过分享、总结，让服务对象进一步明确小组收获，巩固成效	1. 社工引导、鼓励服务对象分享本节小组收获、感受等 2. 社工与服务对象一同回顾本节课的内容，并进行简单总结 3. 布置家庭作业：服务对象找一个自己喜欢的植物代表自己，可以拍照，或者带实物，在下一节带到小组分享为什么选这种植物
3	2022年8月18日 17:00—18:00 幼儿园活动室	香气盈盈 园艺舒心	帮助服务对象发现自己的优点，肯定自我	1. 温故知新：回顾上节内容，介绍本节内容 2. 植物新知：检查组员家庭作业完成情况，邀请服务对象分享选了哪种植物代表自己以及为什么 3. 发掘优点：社工点评、总结，帮助服务对象发掘自己的优点，肯定自我
			通过游戏，帮助服务对象释放压力，放松心情	1. 互动游戏：快速抖乒乓球——寓意抖掉身上的压力 游戏规则：社工给服务对象戴上游戏道具，在规定的时间内，尽快抖掉乒乓球 2. 社工引导服务对象分享感受、收获 （1）当球抖落下来时，是什么感受 （2）在倒计时5秒时，是什么感受

续表

节次	时间与地点	活动主题	环节目标	活动内容
3	2022 年 8 月 18 日 17:00—18:00 幼儿园活动室	香气盈盈 园艺舒心	通过制作香水，让服务对象感受到园艺的乐趣，进一步舒缓压力，放松心情	1. 园艺活动：薄荷香水制作 （1）社工介绍制作薄荷香水的材料，以及薄荷叶的作用 （2）社工带领服务对象开展薄荷香水制作活动，重点让服务对象闻一下薄荷叶的味道 2. 社工带领服务对象分享感受、收获 （1）亲手制作出一瓶薄荷香水是什么感受 （2）闻到薄荷香水的香气，心情是怎样的
			通过分享、总结，让服务对象进一步明确小组收获，巩固成效	1. 社工引导、鼓励服务对象分享本节收获、感受等 2. 布置家庭作业：服务对象把成品送给家人或朋友，感谢家人或朋友对自己的支持
4	2022 年 8 月 19 日 17:00—18:00 幼儿园活动室	繁花似锦 园艺强心	巩固上节小组内容，为本节小组开展做准备	1. 温故知新：回顾上节内容，介绍本节内容 2. 检查家庭作业完成情况，邀请服务对象分享将香水送给家人或朋友的感受，协助服务对象发掘自己的支持网络
			通过干花团扇活动，让服务对象感受创作的快乐，舒缓压力，增强自信心	1. 园艺活动：干花团扇制作 （1）社工介绍制作团扇的材料、工具、制作流程等，并重点介绍干花的制作工序和保存 （2）社工指导服务对象制作干花团扇，鼓励服务对象尽情发挥创意，制作出自己喜欢的作品 （3）社工让服务对象有一次机会去修改他人作品，帮助提升作品水平 2. 社工邀请服务对象分享作品的创意、寓意等，并评选优秀作品
			促进服务对象互帮互助，找到合适的减压方法，找到生活的正向意义，以积极的心态面对生活	1. 分组讨论：在"双减"环境下，有什么压力或困难，以及合适的减压方法 2. 分享：每组派一个代表分享讨论的结果，互相学习 3. 社工小结，引导服务对象找到生活的正向意义，鼓励其积极面对困难 4. 减压游戏：放飞机 社工指导服务对象折纸飞机，把压力、负面情绪等写到纸飞机上，然后大家一起放飞纸飞机，寓意扔掉压力与负面情绪，以积极的心态迎接未来

续表

节次	时间与地点	活动主题	环节目标	活动内容
4	2022 年 8 月 19 日 17:00—18:00 幼儿园活动室	繁花似锦 园艺强心	通过分享、总结，让服务对象进一步明确小组收获，巩固成效	1. 社工引导、鼓励服务对象分享本节收获、感受等 2. 社工提醒服务对象认真写好观察日记，下一节小组将分享种植心得、收获
5	2022 年 8 月 25 日 17:00—18:00 幼儿园活动室	收获成长 共向未来	协助组员发现自己的成长与变化	1. 社工邀请服务对象展示自己种植的植物，分享植物的生长过程，以及在种植过程中的情绪变化、成长收获等 2. 社工小结：通过植物生长过程的变化，引导服务对象感受生命的美好，发现自己的成长与变化
			增加组员之间的沟通，促进组员建立互助支持网络	1. 现场各自组队，2 人一队 2. 服务对象各自写下对方的优点以及祝福语等 3. 两两互赠卡片，互相拥抱
			巩固小组成效	1. 通过 PPT 展示每节小组的照片，并与组员一起回顾每节小组的重点内容 2. 彼此有收获：邀请组员分享参与小组的感受、收获 3. 社工总结，鼓励服务对象在以后的工作、生活中遇到困难，可与家人、朋友沟通，互相支持，以更好地解决问题
			评估成效 了解满意度	1. 社工引导组员填写小组后测问卷、满意度反馈表 2. 社工与组员一起大合影 3. 社工布置家庭作业 （1）让服务对象继续种植 1 个月，并坚持写观察日记，记录植物生长情况，写下感受、收获 （2）1 个月后，社工回访，检查成果，进一步巩固成效

四、计划实施过程

（一）小组初期（第一节），小组介绍、澄清，激发服务对象参与热情，促使服务对象在小组中产生归属感

第一节小组，社会工作者进行自我介绍，同时说明小组的目的、内容、形式等，并与服务对象讨论及制定小组规范，包括保密、相互尊重、积极参与等，以维持小组活动秩序，保障小组顺利开展。在制订小组规范时，社会工作者运用了规则树的形式，较好地调动了服务对象的参与积极性。服务对象在积极讨论小组规则的同时，充分展示了绘画特长，制作了一棵很漂亮的规则树。另外，社会工作者通过介绍园艺活动、园艺治疗、园艺作用等，以及鼓励服务对象分享自己的种植故事，激起服务对象对小组的期待，促使服务对象对小组产生归属感。

（二）小组中期（第二、三、四节），促使服务对象达成小组目标，进一步促进服务对象之间的团结协作

第二、三、四节小组主要是通过园艺活动，促进服务对象达成小组目标，以及促进服务对象之间的交流互动、团结协作。根据服务对象的特点及舒缓压力、调节情绪的需求，社会工作者选取了3个园艺活动，包括种植植物、薄荷香水制作、干花团扇制作。每个园艺活动都有自己的作用，推动实现了不同的目标。种植活动是通过观察种子发芽、开花、结果等一系列植物生长过程，让服务对象感受生命的美好，获得正能量。薄荷香水制作活动是通过薄荷的香味激发服务对象的嗅觉，让服务对象利用嗅觉感受植物的能量，产生愉悦的心情。而干花团扇制作过程则运用了视觉，以及加入了创意、合作、激励的元素，在服务对象单独设计作品图案后，让服务对象两人一组，互相完善对方的作品，最后再定稿。完成作品后，评比出最漂亮的作品，给予物质奖励，以强化他们的正向行为。经历了这几节小组活动，小组成员之间逐渐形成了较强的信任感与凝聚力，服务对象之间的关系更亲密、更和谐。

另外，在这三节活动中，社会工作者均布置了家庭作业，让服务对象仔细观察植物的生长变化，感受自己照顾植物的心情，以及近期的情绪变化，

既可以丰富小组内涵，也可以提升服务对象对小组的认同，加快小组目标的达成。

（三）小组后期（第五节），服务对象之间亲密程度更高，建立起朋辈互助支持网络

社会工作者通过让服务对象展示自己种植的植物，分享种植的生长过程，以及在种植过程中的情绪变化、成长与改变等，让服务对象感受生命的美好，激发正能量，积极生活。另外，社会工作者通过让服务对象互写祝福卡片，促进大家进一步了解、互相鼓励与肯定，同时让她们充分认识到自身的优势和特长，增强了自信心。这几个环节的设计，让服务对象建立起朋辈互助支持网络，使团队达到最优状态。

在最后一节小组活动中，社会工作者通过带领服务对象一起回顾小组的整个历程，引导服务对象分享小组中印象最深刻的事情，以及参与小组的感受、收获等，以巩固小组成效。另外，社会工作者通过鼓励服务对象继续种植植物、写观察日记等，让服务对象持续借助园艺活动舒缓压力、放松心情，进一步巩固成效。最后，社工通过分享、总结以及填写服务对象意见反馈表、后测问卷的形式来总结评估此次小组工作，并宣布小组顺利结束。

五、总结评估

（一）过程评估：观察

经社会工作者观察，服务对象的行为表现呈正向发展：在整个小组活动中，服务对象能积极参与讨论、分享，能在游戏互动、园艺活动中互相帮助、互相支持，特别是在干花团扇制作时，能彼此合作、互相鼓励，以致小组结束后，服务对象能详细说出对方的优点。服务对象建立了学习交流微信群，以后大家在工作中遇到困难，可以在群里讨论解决方法，互相鼓励支持。社会工作者认为服务对象的行为表现反映出她们的情绪状态有所改善，更积极、更有自信，也更愿意与他人互动交往。

（二）结果评估：问卷调查

在小组结束后，社会工作者让服务对象分别填写了意见反馈表和心理压力自测量表，以评估小组的成效。问卷发放 8 份，回收 8 份，有效回收率 100%。

（三）目标达成情况

1. 意见反馈表数据显示，小组目标基本达成

参与调查的服务对象皆表示对种植的兴趣提高了，并表示会认真种植，希望能看到植物开花结果，感受生命的美好，提升了自信心，获得了正能量。

服务对象通过参与园艺活动，种植盆栽、制作薄荷香水、创意干花团扇，舒缓了压力，放松了心情，工作效率也有所提高。

服务对象之间互动良好，在小组活动中，她们互相支持、互相帮助，建立起支持网络。

2. 心理压力有所缓解

心理压力自测量表数据显示，服务对象的得分在 43～65 分之间，心理压力在适中范围内，说明服务对象的压力有所缓解。

3. 服务对象对小组开展的整体满意度为 100%

服务对象对活动的安排满意度包括：活动形式 100% 满意、时间编排 100% 满意、场地安排 100% 满意；对活动内容 100% 满意；对工作员的满意度包括：工作员态度 100% 满意、工作员能力 100% 满意。

六、专业反思

（一）小组带领技巧反思

在小组任何一个时期，社会工作者必须明确自己担任的角色，以及所承担的责任。例如在小组初期，社会工作者的角色更多是担起团队领导者的责任，起到带领、引导、鼓励服务对象的作用。社会工作者要做到不被服务对象的谈话"带走"，尽量把话题掌控在主题范围内；针对话多的服务对象，适时打断，敢于打断；针对沉默的服务对象，要积极关注、鼓励支持。但与此

同时，社会工作者也要关注建立小组的信任感与凝聚力，运用破冰技巧增进服务对象间的沟通、交流，以打破他们之间的怀疑、疏远，甚至打破原有的小团体的界限。

（二）园艺疗法运用反思

因为历史与社会环境因素，相比于美国、英国、日本等发达资本主义国家，我国在园艺疗法方面的研究与实践起步较晚，但如今已经有越来越多的中国学者关注此领域的研究。20 世纪 90 年代，我国第一篇关于园艺疗法的论文发表，对社会大众进行了园艺疗法方面知识的科普。2000 年，清华大学教授李树华对园艺治疗的概念，以及发展历程与功效进行了阐释，并于 2011 年出版《园艺疗法概论》，系统地介绍了园艺疗法的历史发展与我国发展现状，以及园艺疗法的建筑设计等。作为一门新兴的交叉学科，园艺疗法越来越受到我国专业学者与社会大众的瞩目。

在本小组中，社会工作者把园艺疗法应用于社会工作实务过程中时融合了本土特色，比如在服务对象选择栽培植物种类时提供了薄荷、辣椒、番茄等容易种植的植物盆栽，另外在分享植物特性时引导、鼓励服务对象多了解具有中国特色的中草药植物或草本植物，让服务对象能更好地挖掘博大精深的中国植物文化；社会工作者还带领服务对象进行了蕴含中国传统文化的干花团扇制作。

（三）今后可改进之处

1. 时间限制

由于社会工作者设计了 5 节小组，每周 2 节，历时 3 周多，而植物的生长过程，从播种、发芽、发新叶，到开花、结果，所需时间远远超过 3 周，所以服务对象在本小组活动时间内无法感受植物生长变化的全过程。因此社会工作者可根据小组的目标，设计合适的活动内容，适当增加小组节数，以确保小组成效。

2. 后续跟进

社会工作者在小组结束后保留了本小组的微信群，可在微信群中定期发布心理健康知识科普推文，鼓励服务对象持续学习心理健康相关知识；引入专业心理咨询师作为志愿者为服务对象解答心理困惑，并给予心理支持；以关心服务对象心理健康状况，提高服务对象的心理健康水平。

3. 园艺疗法应用提升

社会工作者要进一步加深对园艺疗法相关理论的学习，提出更具研究价值的问题。园艺疗法作为一种经济有效、无副作用的辅助性治疗方法，对我们社会工作者运用于帮助有需要的服务对象具有积极的意义。另外，社会工作者不应把园艺疗法局限于小组工作中，还可以把园艺疗法应用于个案工作、社区工作中。在运用过程中，结合不同服务对象的情况，为其策划适当的治疗方案与社会工作实务方案，做到因人而异。

七、督导点评

当代社会压力日渐加大，如何缓解压力已成为职场人很关注的话题。在本小组中，社会工作者以园艺种植为媒介，丰富服务对象的日常生活，扩展社交，舒缓压力，疗愈情绪，促进了职工的身心健康。将园艺疗法应用于社会工作实务过程中融合了中国本土特色，具有一定的创新性。在小组中，社会工作者注重引导、鼓励服务对象进行交流互动，团结协作、互帮互助，以完善幼儿园教师的社会支持网络。社会工作者还借助工具，采用前后测的方式，评估小组的成效，从小组初期的组员关系建立，到小组中期的互动支持，再到后期的巩固与评估，都体现了社会工作者的专业性，值得肯定。

匠心传承，手工美好

——海珠区工会职工亲子木艺小组

卢　瑶

一、背景介绍

亲子关系是人生中重要的人际关系之一，和谐的亲子关系是幸福家庭的前提。社会工作者在开展活动时发现，一方面，随着工作负担和学业负担的加重，父母和孩子沟通交流的机会越来越少；另一方面，随着高科技的发展，电视与电脑成为儿童的主要娱乐工具，从而导致一些儿童过度依赖电子产品，对身心健康造成了不利的影响。此外，在新冠疫情期间，儿童长期在家线上学习，后期线下开学时儿童难免会出现对社交、环境等方面不适应的情况。

木艺是中国传统文化的一部分，有着悠久的发展史和深远的影响力。木工不仅是一种技艺，更是一种文化。为弘扬中国传统文化，让儿童及其家长感受传统文化的魅力，同时培养儿童及其家长的动手能力，提升亲子间的互动交流，增进亲子感情，社会工作者计划开展"匠心传承，手工美好"——海珠区工会职工亲子木艺小组，也借助活动搭建社会交往平台，引导儿童更好地适应社交环境，适应学校生活。

二、分析预估

（一）存在问题

亲子沟通是指发生在父母与子女之间能感知到的所有沟通行为。这些沟通行为交互传递了父母与子女间的认知、态度、情感与行为等层面的所有讯息，并将亲子之间联结在一起。社会工作者在工作中发现，大多数职工都认为自己面对子女时不善沟通，平时也习惯于依赖父母身份的权威对子女进行管束；受我国传统文化的影响，亲子之间羞于进行直白的情感表达，双方的交流传达与反馈得不到实现，亲子关系随之受到消极影响。

（二）服务需求

社会工作者从需求调研中了解到辖区大多数职工因为工作原因，陪伴孩子以及和孩子沟通交流的时间非常有限，职工希望多开展亲子互动类型的活动，借助活动搭建亲子沟通平台，促进亲子正向沟通，形成良好的家庭亲子互动氛围。

（三）社会工作者分析

在家庭关系中，亲子关系是极其重要的板块。亲子之间的互动从孩子的婴幼儿时期就起着潜移默化的作用，基本决定了孩子以后的行为模式、性格养成等。随着少年期、青春期等转折时期的到来，孩子会慢慢发展变化为成熟的、个性化人格。小到身心健康，大到人生观、价值观的建立，亲子关系对孩子的影响之广泛与深入，不可小视。社会工作者认为，在亲子关系中，仅仅一方作出努力与改变无法达到良好的效果，只有双方共同参与才会得到最大程度的改善。

三、服务计划

（一）服务理论

班杜拉的社会学习理论认为，个人的认知活动对外界影响有调节作用。人在社会环境里学习，从而形成和发展他们的个性特征。对于家长而言，由于自我认知程度不足及资讯来源的非权威性，让他们在亲子关系方面了解不多或不够专业。因此，社会工作者开展本小组，希望通过招募有学习需求的亲子，鼓励他们参与活动，构造一个学习的环境，让其了解更多的亲子沟通的知识，并在小组中鼓励和引导他们进行自我学习的行为，最终达到学习知识的效果。

（二）小组目标

1. 目的

通过小组工作，为服务对象搭建亲子互动交流平台，增进服务对象在家庭教育方面的智慧，改善或促进亲子关系。

2. 目标

（1）通过木艺活动，服务对象能够学习到一定的亲子沟通知识，并运用到实际生活中，改善、促进亲子关系。

（2）通过讨论、分享等互动环节，促进80%或以上的服务对象互相支持、互相帮助，建立起互助支持网络。

（三）小组性质

支持性小组。

（四）服务对象

海珠区有3～12岁孩子的职工家庭。

（五）服务时间

2023年2月11—25日逢周六、周日（9：30—10：15）。

（六）小组程序

第 1 节	日期：2023年2月11日	时间：9：30—10：15
本节小组活动主题：认识彼此，相互了解		
本节小组活动目标：引导服务对象了解小组的目的和内容，激发服务对象参与小组的热情		
活动时间	环节目标	内容
9：30—9：40	1. 让服务对象了解项目的情况、认识社工 2. 促进服务对象互相认识，打破陌生感	1. 社工进行自我介绍并介绍海珠区工会项目情况 2. 服务对象相互认识：我们的手掌 邀请服务对象在白纸上描出自己的手掌并剪出来，之后在"五指"上标出自己家庭的情况（家庭成员、籍贯、兴趣爱好、对小组的期待等）。社工挑选其中一两组亲子家庭进行介绍

续表

活动时间	环节目标	内容
9：40—9：55	引导服务对象了解小组的内容，激发其参与热情	1. 亲子互动游戏：穿越 A4 纸 分成 2 组，全组成员从一张 A4 纸的中间穿过 2. 通过亲子互动游戏引出本节主题
9：55—10：05	共同制定小组契约，形成良好的小组氛围	社工邀请服务对象发言，共同制定小组契约，随后社工总结这些发言并形成小组契约
10：05—10：15	分享、总结	1. 邀请服务对象分享对本节小组的感受、收获，也可以分享寒假里的生活趣事 2. 社工进行小结并引导服务对象填写前测问卷

第___2___节	日期：2023 年 2 月 12 日	时间：9：30—10：15

本节小组活动主题：默契考验，并肩前行
本节小组活动目标：增进服务对象亲子间的了解，加深彼此的关系，提高服务对象对小组认同感

活动时间	环节目标	内容
9：30—9：40	回顾上节小组内容，为本节小组开展做准备	回顾上节内容，介绍本节内容，强调小组契约内容
9：40—10：10	通过做亲子游戏，考验亲子间的默契度并引出讨论话题	1. 亲子游戏：互换绘画 服务对象各自在白纸上按照自己的意愿画出一条连贯的非封闭曲线，随后互换画纸，在对方画的曲线上继续绘制，使其变成一幅完整的图画。双方需要说明曲线的意义以及补充绘画的意义，看双方想法是否有相似之处以及默契。社工邀请其中一两组亲子家庭进行分享 2. 话题讨论：亲子沟通 社工针对刚才的亲子游戏，邀请几组亲子家庭分享体验感受，随后引出讨论话题，邀请服务对象一起讨论亲子之间沟通的困扰以及解决办法
10：10—10：15	分享、总结	社工引导服务对象分享本节收获与感受，随后社工与服务对象一起回顾本节内容，并进行小结

第___3___节	日期：2023 年 2 月 18 日		时间：9：30—10：15

本节小组活动主题：学习木艺，爱上木艺

本节小组活动目标：进一步了解木艺制作的流程，为实操做好准备

活动时间	环节目标	内容
9：30—9：40	回顾上节小组内容，为本节小组活动开展做准备；通过热身游戏，促进亲子之间互动	1. 社工与服务对象一起回顾上节内容，随后介绍本节内容 2. 热身游戏：正说反做 社工说出指令，服务对象需要做出与社工指令相反的动作（例如社工说向左转，服务对象就要向右转），并且同组成员的动作必须一致且正确，做出错误动作的小组即被淘汰，剩下最后一组获胜
9：40—10：10	通过学习木艺手作知识，进一步了解木艺制作的流程，为接下来制作木制工艺品做好准备	1. 社工带领服务对象认识和学习木艺手作，服务对象"沉浸式"感受木艺手作的魅力 2. 社工引导服务对象分享学习感受、提出疑惑，并为服务对象答疑解惑
10：10—10：15	分享、总结	1. 社工引导、鼓励服务对象分享本节收获、感受 2. 社工对本节内容进行小结

第___4___节	日期：2023 年 2 月 19 日		时间：9：30—10：15

本节小组活动主题：动手合作，体验木艺

本节小组活动目标：亲子之间通过合作制作木制工艺品，改善和促进亲子关系

活动时间	环节目标	内容
9：30—9：40	回顾上节小组内容，为本节小组开展做准备	回顾上节内容，介绍本节内容
9：40—10：10	通过制作木艺，让服务对象感受创作的快乐，探索亲子之间的相处模式	由社工带领和指导服务对象制作精美木制工艺品，服务对象在感受木艺手作魅力的同时探索亲子相处的模式以及沟通方式。制作结束后由志愿者评选出一至三等奖并进行颁奖
10：10—10：15	分享、总结	1. 社工引导、鼓励服务对象分享制作过程的收获、感受 2. 社工对本节内容进行小结 3. 社工与服务对象一起大合影

第___5___节	日期：2023 年 2 月 25 日	时间：9：30—10：15

本节小组活动主题：展示木艺，创新表达
本节小组活动目标：回顾过往小组内容，总结亲子沟通的技巧与方法

活动时间	环节目标	内容
9：30—9：40	回顾前几节小组内容，为本节小组开展做准备	回顾前几节小组内容，介绍本节内容
9：40—10：00	通过发现对方的优点，让服务对象重新认识父母/孩子，寻找适合彼此的相处方式	社工引导服务对象写下父母或孩子的优点，进行"优点大轰炸"游戏
10：00—10：10	通过布置小任务，让服务对象勇敢表达自己对孩子/父母的爱，从而改善或促进亲子关系	1. 小任务：爱要说出来 社工布置一项小任务，服务对象需要与家人相互拥抱，说一句表达爱的话语，借此机会，把平时不好意思表达的爱大胆说出来，让对方了解自己的心意 2. 社工带领服务对象一同总结亲子沟通的技巧与方法

四、计划实施过程

（一）小组前期

在小组前期，社会工作者首先介绍小组的目的及内容。同时，为进一步拉近服务对象间的距离，社会工作者带领服务对象进行"我们的手掌"热身游戏。服务对象在白纸上描绘出"自己的手掌"，在"手指"上写下自己的家庭成员以及兴趣爱好。通过这种形式，服务对象之间有了更进一步的了解。在"互换绘画"环节中，家长和孩子都意识到原来自己并不是想象中的那么了解对方的想法，由此引出相互了解是良好沟通的基础这一结论。随后，社会工作者与服务对象一起制定小组契约，促进服务对象对小组的认同。

（二）小组中期

在小组中期，服务对象"沉浸式"体验木艺手作。在社会工作者的细心引导和耐心帮助下，家长和孩子们纷纷化身"大小木匠"，家长和孩子们相互配合，认真地对每件木材进行打磨、加工、组装，将镰刀和锤头拼装到一起。每组亲子家庭不仅认真细心去制作，见证了每一道烦琐细致的工序，更在制

作中体验到了木工的"工匠精神"。同时，通过制作党徽笔架，进一步激发了孩子们爱国爱党的情怀。

在分享环节中，有家长表示，如今电子产品成为亲子的主要娱乐工具，对身心健康造成了不利影响，木艺制作能够让家长和孩子重新体验手作的快乐，彼此之间也有了更深一步了解。还有家长表示，在木艺体验环节中，不仅提升了孩子的动手能力，还让孩子在不断试错中得到了成长与磨炼，非常具有教育意义。社会工作者表示认同家长的看法，并鼓励其他家长各抒己见。

（三）小组后期

小组最后一节，社会工作者通过"优点大轰炸"游戏，鼓励服务对象在各自的白纸上，把父母或孩子的优点尽可能多地写下来。有些服务对象表示，原来自己在父母或孩子眼中有着某些自己都意想不到的优点。随后，社会工作者鼓励服务对象给对方一个"爱的抱抱"并说一句爱的话语，把自己平时说不出的爱传递给对方。最后，社会工作者带领服务对象一起对前几次的小组内容进行总结与回顾，引导、鼓励服务对象积极分享感受与收获。

五、总结评估

（一）过程评估

从小组内容设计来看，社会工作者考虑到了小组环节内容与服务对象能力相适应、小组时长与服务对象专注时间相适应，具备一定的科学性与可行性，促进了小组目标的达成。

从服务对象的参与度来看，小组伊始，大多数亲子家庭能够积极地参与活动，少数亲子家庭处于沉默与观望状态；小组中期，参加木艺手作体验的亲子家庭能够积极合作，完成木制工艺品的制作，部分亲子家庭乐意分享体验感受，服务对象总体参与度较高；小组末期，部分儿童出现离别情绪，社会工作者引导服务对象在小组结束之后继续自行延续小组。

从社会工作者的角色来看，小组初期，社会工作者担任了领导者的角色，通过介绍小组内容、带领服务对象制定小组规则、调节小组氛围，帮助服务对象融入小组；小组中期，社会工作者担任引导者、支持者和调节者的角色，引导鼓励亲子之间多互动、多合作，关注每个亲子家庭的表现，面对亲子间的冲突能够及时调解，维持小组秩序；小组末期，社会工作者运用事后解说的方法，带领亲子家庭总结出亲子沟通的方法与技巧，肯定服务对象的改变与成长。

（二）效果评估

在小组的最后一节，社会工作者收集了服务对象填写的意见反馈表。服务对象意见反馈表显示：100%的服务对象对小组整体评价为非常满意，认为达成了小组目标；100%的服务对象对小组的形式、场地、时间安排非常满意；90%的服务对象通过本次小组，学习到了一定的亲子沟通知识，并运用到实际生活中；95%的服务对象通过本次小组，增加了亲子沟通，增进了亲子感情；100%的服务对象通过讨论、分享，与其他组员建立起互助、支持网络。部分服务对象表示，希望日后能够更多开展亲子类型的活动。

六、专业反思

（一）注意组前沟通与评估

在小组开始之前，社会工作者能够与每组参与的亲子家庭进行面谈或电话沟通，提前评估服务对象的情况，根据实际情况调整小组内容，以避免忽略服务对象的个性化需求。

（二）注意引导服务对象把小组知识运用于生活

社会工作者在每节小组中，通过设置多种亲子互动游戏，引导服务对象通过互动，反思自己在日常生活中未曾关注到的亲子互动障碍。在最后一节小组中，社会工作者通过带领服务对象一起回顾过往的小组内容，总结出亲子互动沟通的技巧和方法，让服务对象把在小组中学到的亲子沟通知识运用到日常生活中，从而改善或促进亲子关系。

（三）注意增强小组的延续性

随着小组的发展，各亲子家庭间逐渐熟识，个别儿童已建立玩伴关系。在小组临近结束时，一些儿童出现不舍的离别情绪。针对此类情况，社会工作者引导服务对象在小组结束后，继续结伴参加各类有意义的活动，如一起前往图书馆阅读，一起参加公益志愿活动等，以增强小组的延续性。

七、督导点评

亲子关系是人类社会中最重要、最深入的关系之一。无论是对父母还是子女来说，亲子关系的质量对于个人的幸福和心理健康都具有巨大的影响。本案例中，社会工作者以亲子共同完成手工木作作为载体和媒介，增加父母对孩子的陪伴，增进亲子互动，加强亲子的沟通，以建立积极亲子关系，同时还融入了传统文化和爱党爱国主义的教育，从"小家"到"大家"，从爱家庭到爱国，小组目标达成良好，值得肯定。

作者简介

卢瑶，助理社会工作师。广州粤穗社会工作事务所海珠区工会项目创新部一线社工。

长者社会工作服务

"医—社—护"合作模式下阿尔茨海默病认知训练小组

——以 C 医院长者为例

邬振海

一、背景介绍

本案例以 C 医院神经内科的阿尔茨海默病区长者为服务对象，C 医院自 2021 年起与社会工作服务机构合作共同探索院舍长者认知训练服务链条经验。老年痴呆科为该院特色精品专科，主要为失智失能长者提供医养结合服务，以收治阿尔茨海默病、血管性痴呆和其他脑功能障碍伴心理行为异常的长者为主。全科以医疗与护理尽心呵护为服务宗旨，开展心理治疗、工娱治疗、行为观察治疗、慢性小脑电刺激术等特色专科治疗，延缓痴呆进展，帮助老人康复，因此该院具备开展医社合作的基础。

在调研中，社会工作者和志愿者发现院内部分阿尔茨海默病长者因定向力、记忆力、回忆力、计算及注意力等认知功能衰退导致出现时间定向混乱且无法辨识人物、方位等现象，令长者生活质量直线下降，有的长者会因为缺乏文娱社交活动终日昏昏欲睡，也有的长者因为时间、空间定向力的缺失时常日夜颠倒或者不清楚自己当下的位置，容易形成安全风险。

护理员是与长者接触时间最多，同时也是最了解病区长者基本情况的人，但是护理员不懂得认知训练方法，阿尔茨海默病长者也缺乏系统性及生活化认知训练的机会并缺乏有效的社交互动，因此不利于通过非药物治疗延缓病情。院内的社会工作者有丰富的长者服务经验，但由于人手不足，无法开展规模化、多元化的认知训练服务。高校社会工作专业学生有参加专业服务实践、积累实务经验的需要，同时能有效缓解院内社会工作者人手不足的压力。

经志愿者招募及面试，最终有五位具备社会工作专业背景的在校大学生参与本次小组的实务工作。

二、分析评估

（一）需求评估分析

随着人口老龄化的加快，患老年痴呆的老人不断增多，人们认识到阿尔茨海默病会导致老人身体机能下降及认知功能衰退，引发焦虑、抑郁甚至死亡的严重后果。自然人群的老年人患有轻度认知障碍症的概率为3%~42%，因此及早识别长者认知功能障碍的症状，及早介入、及早治疗，将有助于延缓长者的病情，维持长者的认知能力，改善长者的生活质量。目前我国阿尔茨海默病患者主要面临以下问题。首先，尽管近年来在政府、社区、医疗机构的宣传普及下，群众对阿尔茨海默病的知晓度日益提升，但是群众对于阿尔茨海默病的早期识别和预防意识仍然有待提高。比如，很多患者首诊时已经出现明显记忆力下降、注意力不集中等症状。但是，这些患者在患病之前却缺乏主动参与记忆力筛查、定期体检、维持学习和社交能力的意识，因而错失了在轻度认知障碍时期就进行介入的机会。其次，对于已经进化到中、重度阿尔茨海默病的长者及其家属来说，由于社会福利保障系统的不完善、社会养老资源不均衡等原因，缺乏必要的非药物治疗手段，导致我国的阿尔茨海默病患者的照护成本高、药物治疗成本高，继而导致相关群体复诊率低、治疗依从性低。

（二）需求评估结论

通过前期调研评估，社会工作者及志愿者确定院舍内长者有通过认知训练方法改善其定向力、记忆力及回忆力、计算及注意力的需要。同时，为提升社会工作者、护理员、志愿者等的专业服务水平，在院内普及认知训练方法，小组有采取"组中组督导"模式，针对小组存在的问题及时组织服务者进行反思与督导的需要。

三、服务计划

（一）小组名称

"我知道"脑退化长者数学辨识小组。

（二）小组实施地点

C 医院神经内科阿尔茨海默病区。

（三）服务对象招募要求

1. 小组适用对象

C 医院轻、中度认知障碍长者。

2. 志愿者招募条件

共 4 名，社会工作或老年服务相关专业大学生，能听、说粤语者优先。

3. 服务对象筛选条件

（1）65 周岁及以上的轻度或中度认知障碍长者。

（2）运用简易精神状态评价量表，选取分值大于 10、小于 22 的长者。

（3）当简易精神状态评价量表长者分值大于 17、小于 22 时需前测蒙特利尔认知评估量表，并根据该量表的分数变化评估小组成效。

（4）简易精神状态评价量表中，定向力、记忆力、回忆力、计算及注意力任意两项或以上出现失分者或以上某项认知能力减 2 分或以上长者。

（5）基于地域方言考虑，需招募能听、说粤语本地方言长者。

（6）排除因严重视障、听障或失语等因素导致认知障碍的长者。

（7）至少出席 4 节小组。

（四）服务对象招募方式

（1）在病区内走访招募。

（2）张贴宣传海报进行招募。

（3）经护理人员引荐。

（五）设计目标

1. 总目标

通过本次小组，社会工作者从数学入手，通过认知训练方法来改善服务对象的定向力、记忆力及回忆力、计算及注意力。

2. 具体目标

（1）70%的服务对象及其照顾者能初步掌握定向力、记忆力及回忆力、计算及注意力的有关认知训练方法并能完成训练打卡任务。

（2）70%的服务对象简易精神状态评价或蒙特利尔认知评估量表有关定向力、记忆力及回忆力、计算及注意力其中一项或以上分数有所增加。

（3）70%的服务对象至少掌握有关定向力、记忆力及回忆力、计算及注意力其中的一项生活技能。

（六）小组程序

单元	日期	本节目标	主题	内容简要
1	5月24日	1. 服务对象相互认识 2. 服务对象认识小组	小组初见面	1. 服务对象与工作员互相认识 2. 订立小组契约 3. 讲解小组内容 4. 选定一首组歌
2	5月31日	锻炼服务对象的注意力和记忆能力	识记数字	1. 健脑手指操 2. 报数与日期导向 3. 扑克游戏 4. 跟唱小组组歌
3	6月14日	锻炼服务对象的空间定向力	空间定向力	1. 报数 2. 主题分享：我曾去过的一个地方 3. 房间大变身 4. 学习组歌
4	6月21日	小组成员学会看钟表，锻炼服务对象的时间定向力	注意力及计算力训练	1. 热身：听声音，讲数字 2. 季节衣裳 3. 玩转时钟 4. 合唱组歌

续表

单元	日期	本节目标	主题	内容简要
5	6月28日	锻炼小组成员的计算力和注意力	生活中的数字	1. 热身：数字保龄球 2. 情景模拟：一起去逛菜市场 3. 百味厨房 4. 合唱小组组歌
6	7月5日	回顾小组内容，检视目标成效	回顾小组	1. 回顾小组内容 2. 齐唱小组组歌 3. 向小组成员赠送纪念品，并附照片

（七）预计困难及应对方法

困难预估	应对方式
防走失、防止异物吸食、防止意外伤害等安全问题	小组基本采取服务对象与工作人员一对一的形式，另外设计活动时频率不能太快，以动手、动口为主，不让长者碰到一些小物件，时刻提醒长者不能把东西塞进口里或未经允许带离活动场地，志愿者离开时，不能带老人离开活动场地。涉及饮食的环节需提前了解服务对象的慢性病史及饮食习惯，并对小组内容作出相应调整
小组气氛不活跃	一对一协助的工作员可增强与该服务对象的互动，促进其融入小组。主带工作员要保持积极的情绪，带动服务对象参与小组
服务对象因不能完成目标感到沮丧	可采取重复演示的技巧，给服务对象更多学习的机会。当服务对象无法回答或完成该问题时，工作员可以先采用沉默、鼓励等技巧，让小组成员有自信回答问题。或是先邀请下一位服务对象分享。但是工作员不得有批判、质疑等有可能伤害服务对象的行为。当服务对象感到疲倦时，协助的工作员可示意社会工作者并将服务对象带回休息，若其出现身体异样要及时报告给院方
小组时间与志愿者学习时间有冲突	小组开始前要协商好小组开展的具体时间，小组以社会工作者开展为主，志愿者进行协助
难以确保小组服务对象认知障碍程度的同质性	遵从阿尔茨海默病尽早诊断、及时治疗、终身管理的治疗原则，在全院开展智能筛查从而筛选出符合小组条件且同质性较强的服务对象。在小组开展过程中充分运用小组动力实现服务对象互助，通过床边个性化认知训练、生活化训练，不断强化认知训练成果

四、计划实施过程

（一）开始阶段：结合多种感官锻炼活动将事物具象化，方便小组成员记忆

本次小组是一个长者辨识能力提升小组，共 6 节。第一节小组的 3 个主要环节是带领小组的工作人员与长者互相认识，介绍小组的内容与目标，制定小组的契约。首先，社会工作者与志愿者分别做了自我介绍，为方便长者记忆，工作员运用比喻的手法将自己的名字改成一个个可爱、简便的化名。通过亲热的自我介绍，社会工作者很快跟服务对象熟络起来。紧接着，社会工作者拿出一个彩色球让长者们辨别球的颜色，然后，彩球在逐个小组成员手中传递，谁拿到球就做自我介绍。在辨别球的颜色的过程中，小组的气氛开始变得活跃起来。最后，社会工作者简单介绍了接下来几节小组的内容和目标，并与小组成员确立了几条小组契约，约定了下次小组聚会的地点和时间。

第二节小组共有 6 个流程。首先社会工作者进行了自我介绍，通过又一次自我介绍使老人能回忆起小组的活动。老人们虽然在社会工作者自我介绍完之后能知道我们的名字，但却在活动后又忘记了，因此我们需要一次又一次、一个又一个面对面去介绍自己，希望能对老人们的记忆起到一些强化作用。

随后进行热身活动，回忆上节小组中学习过的拍拍操，其中一个服务对象能回忆到"头头拍拍"这个动作，老人们对拍拍操参与度也很高。第三步是回忆数字，我们把数字卡片提前发给每位社会工作者，让社会工作者一对一辅导或者一对二辅导，老人大多数能回忆出数字。因为身体原因，有一位老人提前结束了本次活动。

第四步，我们用简单的加法带领老人义一次回顾数字，用"5 + 3 = 8"这种加法问题来带领老人们去提高数字辨别能力。第五步，我们教老人学习认时钟，社会工作者通过提问"我们以前都用什么方式来计时啊？"带领老人们进入这一步骤的学习，老人们有的说到太阳东升西落，有的也提到了手表、钟表等。接下来我们用一个具体的时钟来让老人们认识时间，把时钟拨到一

个具体的时间，让每一位老人都来学习认识时钟。针对参与度不高的长者，工作人员就采取鼓励、重复数字的方式吸引长者注意。让我们有些欣喜的是，当我们把时钟拨到 3 点 15 分时，有位老人第一遍虽然说错了，但是在社会工作者的鼓励下，自己说出了 3 点 1 刻这个概念。

最后，小组活动在《学习雷锋好榜样》的歌声中愉快结束，我们希望通过持续听歌来更好地帮助老人回忆、记忆。恰逢当天是传统节庆端午节，社会工作者按照传统习俗用艾草制作香包赠予长者，在芬芳的香气中，社会工作者向长者提问以前传统节日的习俗，唤起了长者对往事的回忆。

在小组的开始阶段，即小组活动的第一、二节，社会工作者通过将姓名、数字等关键信息进行具象化处理并反复提及，会更有助于服务对象进行记忆；综合锻炼长者的视觉、听觉、触觉等方面的感觉也有利于维持长者的认知能力。

（二）小组中期：由易到难，循序渐进增强小组成员参与认知训练的信心

在第三节小组中，社会工作者重复了上节小组的热身活动——健脑操。继续复习数字与看时钟辨识时间的活动，之所以会重复这些内容，是因为护理人员在过去一周对长者进行的个性化认知训练中，发现大部分服务对象对于第二节小组的内容记忆得并不牢固，且学习的进度参差不齐。当然小组成员也需要温故而知新，从第三节小组开始，社会工作者会结合更多具体生活情景开展认知训练。比如，社会工作者在调查服务对象的生活背景时得知，在小组成员中，有的长者年轻时曾长期从事地质勘探工作，有的长者则非常喜欢游历祖国的大好河山，因此服务对象们都对地理很感兴趣。所以社会工作者在进行空间定向力的训练时借助了中国地图的拼图引导服务对象简单分享"我曾去过的一个地方"，并且教导长者辨别具体的方位。而后，社会工作者回归到院舍的具体情景中教导长者如何辨别院舍床位的位置。

第四节小组中，社会工作者在时间、空间定向力的训练中增添了季节的元素，这无疑增加了活动的挑战性。第四节小组的主题活动是季节衣裳。社会工作者准备了不同材质、样式的衣服让服务对象触摸辨认，询问服务对象

不同月份所对应的季节，以及不同季节、天气所需搭配的服饰，服务对象们都对这个环节十分感兴趣。在小组实践的过程中，社会工作者发现服务对象的认知水平存在一定差异，且不同服务对象的长处与短处也有不同，这时社会工作者应善用小组动力，促进小组成员的相互合作，以解决难题。

在第三、四节小组中，社会工作者开展了大量的认知训练活动，并在活动中严格遵守循序渐进、由易到难的原则，且活动与活动之间必须有连续性与相关性，这样才能便于服务对象记忆与训练。

（三）小组后期：结合具体的生活情景进行认知训练，巩固前期训练成果

在小组第五节时，服务对象的总体情况有明显改善，精神及身体状况平稳，社会工作者通过情景模拟问答的方式巩固认知训练成果。服务对象全部能答对数数和大小关系，读出与数字有关的四字成语。对于他们喜欢的环节，小组成员会用点头、笑声的方式予以回应，随着小组深入，服务对象出现笑容的频率增加。

本节小组有家属观摩并参与。家属的参与让老人们身心更加轻松，有家属表示："我家老人通过这次小组活动学会了认识自己的床位，通过认识自己床位也让她更加有了家的感觉，知道自己住在什么地方。她也更加了解生活物品的使用，知道自己在什么时候要干什么事情，比如早上知道几点起床，起床后要干什么。我很高兴我家老人能够有这么大变化，生活在 C 院的老人真的很幸福。特别感谢你们！"

第六节（最后一节）小组的目标是处理好小组成员的离别情绪。本节小组采用茶话会的形式，不仅体现了社会工作者与服务对象关系上的平等与尊重，而且也让小组的氛围轻松了不少，有利于处理离别情绪。社会工作者除了重复自我介绍和健脑操热身活动之外，还借助道具和照片回顾了整个小组的内容，勉励长者们要坚持开动脑筋，参与认知训练。服务对象对上几节里的一些精彩环节依然有记忆，甚至有的服务对象能回忆某些活动的主题，以及部分工作人员的称呼，这对于高龄阿尔茨海默病长者而言十分不易。服务对象们听闻大学生志愿者即将离开，非常不舍，借助红歌的歌声抒发离别的情绪。

五、总结评估

在小组开展之前，社会工作者根据干预的计划和目标，围绕服务对象、社会工作者专业性、小组程序三大维度设定了若干评估指标，运用观察法、简易精神状态评价量表前后对比筛查、在服务的过程中随堂督导分享等方法，对认知训练小组的结果和过程进行评估。评估的结果显示，服务对象对小组活动及社会工作者专业性的满意度较高，同时通过"组中组督导模式"，社会工作者、护理员、医务人员、志愿者等能更好地协同行动，从而达到持续并及时为长者开展个性化服务的目标。

（一）评估方式及指标

改变维度	评估指标	评估方式
服务对象	1. 服务对象及其照顾者能初步掌握定向力、记忆力及回忆力、计算及注意力有关认知训练方法并能完成训练打卡任务 2. 简易精神状态评价或蒙特利尔认知评估量表有关定向力、记忆力及回忆力、计算及注意力其中一项或以上分数有所增加 3. 至少掌握有关定向力、记忆力及回忆力、计算及注意力其中的一项生活技能	观察法 服务对象分享 简易精神状态评价量表前后测对比 蒙特利尔认知评估量表前后测对比 跟踪回访（床边认知训练记录）
社会工作者专业性	社会工作者运用了哪些小组带领技巧 社会工作者运用了哪些创新活动形式	小组过程记录 小组总结报告
小组程序	小组地点、时间设置是否合理 小组程序设计是否合理 社会工作者形象是否大方得体 社会工作者运用小组带领技巧的熟练程度	服务满意度评估表 跟踪访谈 同工、督导分享

（二）服务干预成效分析

服务对象维度：12名小组成员的简易精神状态评价量表前后测结果显示，在小组结束后，小组成员的认知能力均有改善，总分提升了2~4分不等，平均增加值为3分。从细分维度来看，所有服务对象的定向力分值均有提升或保持不变，有6位服务对象的回忆能力分值有提升，有9位服务对象的语言表达能力分值有提升。由此说明,本次小组介入对改善阿尔茨海默病长者的定向力、语言能力、回忆力等方面效果显著,并且已达到预设的服务目标。另外据护理员的观察与反馈,小组成员参加认知训练活动后身心更加愉悦,愿意与工作人员或其他长者主动交流,也十分惦记院舍内开展活动的时间、地点,生活也有了更多寄托。

社会工作者专业维度:小组记录及督导记录显示,社会工作者在小组中综合运用了同理、倾听、联结、协调等专业技巧;社会工作者运用了"组中组"督导、示范、情景化训练等模式为志愿者、工作人员等提供实务督导支持,加深了有关人员对阿尔茨海默病及社会工作者专业的认识。

小组程序维度:小组开展地点及时间经社会工作者与志愿者、服务对象等在准备阶段共同商讨确定,因此较为合理。小组程序遵循由易到难的原则,具体内容能根据服务对象的实际情况作出相应调整,因此设置较为合理。服务满意度调查结果显示,服务对象及志愿者均对小组程序的设计、社会工作者形象、小组氛围等感到满意。

服务对象简易精神状态评价量表前后测对比结果汇总

服务对象编号	性别	姓名	年龄	量表总分30分(前测/后测)	定向力(10分)	记忆力(3分)	注意力和计算力(5分)	回忆力(3分)	语言能力(9分)	介入前后分差值
1	男	姜伯伯	91	22/25	6/8	3/3	4/4	1/2	8/8	+3
2	男	祥叔	81	20/23	6/7	3/3	3/3	3/3	5/7	+3
3	女	罗阿姨	82	22/25	7/9	3/3	4/4	1/1	7/8	+3
4	女	骆阿姨	84	17/19	6/6	3/3	2/2	1/2	5/6	+2
5	女	陈阿姨	86	23/25	8/9	3/3	3/3	2/2	7/8	+2
6	男	刘伯伯	88	21/24	7/8	3/3	3/3	1/2	7/8	+3
7	男	德叔	85	16/20	5/7	1/3	3/3	1/2	5/5	+4
8	男	石叔叔	75	18/21	6/8	2/3	2/2	2/2	6/6	+3
9	女	周阿姨	80	16/20	6/7	3/3	2/2	0/1	5/6	+4
10	女	苏阿姨	81	22/25	8/8	3/3	3/3	1/3	7/8	+3
11	女	梁阿姨	77	15/18	5/6	3/3	2/2	2/2	5/7	+3
12	男	任伯伯	70	20/23	7/7	3/3	3/3	3/3	6/9	+3

（三）"组中组"督导成效分析

社会工作是一项实务性较强的专业服务工作，对社会工作者的实务能力要求较高。要培养一批高素质、能力强的社会工作者，可对学校内有社会工作信念、愿意投入社会工作服务的社会工作专业学生制订成长计划，通过项目的方式对其进行实务督导。让他们不仅有学校老师在理论上的支持，更有实务督导师徒式的指导。

本次小组是对"组中组"服务的一次探讨，将专业学习实践小组与专业服务小组相结合。两个小组同属于教育型小组，虽然学习的目标不一致，但发挥了小组的最大功效。"组中组"的服务形式，有利于开展团体式实务督导，可以在小组中观摩、参与、体验，从不同层面和角度来学习小组服务。

六、专业反思

（一）研究总结

首先，在小组方案设计及落地的过程中，社会工作者充分考虑院舍服务的需求，开展辨识生活物品、认识房间和床位号码、熟悉院舍生活作息规律、辨识时间等训练，让服务对象可以学以致用。同时，运用"组中组"督导模式、"医—社—护"合作模式推广认知训练方法，可切实提升工作人员服务水平，联动多方力量共同关爱阿尔茨海默病长者，并通过"医—社—护"合作打造"预防＋治疗＋康复"全过程介入模式，满足长者全方位需要；同时利用各方专业优势共同开发适合当地特点的认知训练程序，以推动认知训练进处方，推动认知训练个性化、规范化、专业化发展。

其次，本小组运用"认知训练小组＋床边个性化认知训练"模式，工作员更深入了解服务对象的需求，"医—社—护"服务模式及时反馈服务对象的变化、需求，并跟进服务，有助于巩固小组成效与服务对象认知训练依从性。

最终结果显示，针对不同认知障碍程度长者分类开展认知训练效果更佳，如针对轻度认知障碍长者，要加强其预防疾病的意识，通过在小组中开展生活化记忆力训练，维持长者学习新事物的兴趣和正常的社交活动，防止疾病进展至痴呆程度；针对中度认知障碍长者，需鼓励其"自己的事情自己做"，从而延缓其生活自理能力的退化程度，保持其较好的认知能力；重度认知障碍长者由于行动不便，感官能力下降，更适合开展个性化床边认知训练，辅之以小组的互动，以及简单的看图说话、唱歌等感官刺激活动令长者感到愉悦，有利于维持其现有的语言能力和回忆能力。

（二）研究反思

重度认知障碍患者的小组认知训练成效往往无法体现在量表的变化上，因此社会工作者应当运用观察法、访谈法等对服务对象进行更加全面的评估。有些小组成员在参加完小组之后就能记住社会工作者或其他服务对象的名字，能结识新的朋友并且感到很开心。这启示我们不但要维持阿尔茨海默病长者的认知能力，也要关注他们的情感和社交需要，但在本小组中社会工作者并未对此方面的需要进行评估。社会工作者后续可针对不同方面的认知能力开展更多元化、常态化的认知训练服务，以提升长者的认知训练依从性。另外在目前现实环境下，认知训练服务仍然会以医务工作者为主导，社会工作者在进行跨专业合作时要更突出社会工作专业在社会层面与人文关怀层面的专业特点，以免陷入只追求治疗有效性，而忽略服务对象个人价值与感受的误区当中。同时，跨专业合作可能会增加其他专业人员的工作量或产生效益冲突，因此社会工作者需在团队中更好地发挥协调者的角色作用，在合作中与其他团队成员明确以服务对象为本的原则，同时建立透明的转介和沟通机制，避免服务资源的重复和浪费。

七、督导点评

阿尔茨海默病是与年龄相关的神经系统疾病，它不仅仅影响个体的生活质量，还对全社会的经济和社会发展产生极大的影响。此病对老人的生活产生了很大的负面影响，让老年人活得没有尊严；也给老人的子女带去了很大的家庭照顾挑战。虽然目前并没有治愈阿尔茨海默病的有效方法，但如果我们从生活方式到健康保健全方位介入，让老人保持健康的生活方式，让身体健康、饮食平衡、睡眠充足、文化活动成为老年人生活的重点，努力从日常生活、社会参与、认知训练等方面提供支持，让老人大脑保持活力，就可以帮助减缓阿尔茨海默病的发展进度。在老龄化日趋严重的今天，老年人大多都有阿尔茨海默病的表现，但大多数老人对于阿尔茨海默病的认识不够，甚至有的老人听闻阿尔茨海默病会害怕、焦虑，担心自己会患病。为了提高老人对阿尔茨海默病的认识程度，并学会正确预防阿尔茨海默病的知识和方法，社工站开展"医—社—护"合作模式下"阿尔茨海默病认知训练小组"，是非常有必要的。

作者简介

邬振海，毕业于湘南学院社会工作专业，自 2015 年起接触公益与社会工作行业，其间在长者、志愿者、儿童、社工站等多个社会工作服务领域有实习实践经历。曾获 2016 年民政部全国高职院校社会工作职业技能大赛二等奖。

"夕阳之约，邻里守望"长者支持小组

张 铎

一、背景介绍

随着城市化的进程加快，人与人之间的关系变得疏离，"出门上锁，进屋关门"成了人们的生活习惯。住在同一社区里面的居民很可能互不认识，曾经邻居之间互相串门、互相帮助已经成为都市的记忆。新冠疫情期间，社工在电访、探访过程中发现，部分长者的生活范围狭窄，生活方式单调。这些长者受疫情影响，不得已减少了出门聚集的次数，让原本比较沉闷的社交活动进一步受到了限制。

为此，社工为社区长者搭建一个交流互动的平台，邀请社区内不常出门的长者参与邻里支持小组，促使他们走出家门，拓展社交圈，引导长者在关注自我的同时亦学会表达自己对他人和社区的关怀。推动和谐温暖的邻里关系发展，让长者在参与的过程中发现自我价值。

二、分析评估

老年人作为一个特殊群体，有基本的生理需求、社交需求、尊重以及自我实现的需求。

其一，老年人渴望子女日常的嘘寒问暖和交流沟通，配偶的相依相随，亲友间的慰问关怀。

其二，老年人年轻工作时的精神依托主要在岗位上，退休之后有了大量闲暇时间，需要转移精神依托，寻找新的乐趣，需要健康多样的文化娱乐活动来充实这些空闲时间。

其三，除了亲情和爱情，老年人也需要友情，希望有朋友陪伴交流。通过与他人沟通排解心中的苦闷，感情得到宣泄。

其四，俗话说，"活到老，学到老"，老年人虽然已经退休，但他们仍然希望与时俱进，不被发展的社会淘汰。

其五，自我实现是马斯洛需求中精神需求的最高层次，老年人也希望发挥自己的潜能和余热，老有所为、老有所用，实现自我价值。

三、服务计划

（一）服务理论

1. 社会支持理论

社会支持网络是指一组由个人之间的接触所构成的关系网络，通过这些关系网络个人得以维持其认同，并且获得情绪支持、物质援助和服务、信息与新的社会接触等。一个人所拥有的社会支持网络越强大，就能够越好地应对各种来自环境的挑战。在本次小组活动中，社工为辖区内较少出门的长者搭建平台，促进彼此之间的互动支持，增强长者社区支持网络。

2. 社会活动理论

活动理论强调活动在知识技能内化过程中的桥梁性作用。活动构成了心理特别是人的意识发生、发展的基础。而人的活动具有对象性和社会性。社工在服务实践中发现，活动水平高的老年人比活动水平低的老年人更容易感到生活满意和更能够适应社会；老年人应该尽可能长久地保持中年人的生活方式，从而把自身与社会的距离缩到最短。社工需要在态度和价值取向上鼓励服务对象积极参与社工开展的活动，增加与其他居民的交流互动，为服务对象提供更多参与社会的机会和条件。

（二）小组目标

1. 小组工作目的

通过小组工作，增进邻里间的互动和了解，促进彼此之间的互助支持，建立起和谐温馨的邻里关系。

2. 小组工作目标

目标一，每位组员至少参与 1 次分享，促进邻里之间的交流和互动。

目标二，80% 的组员参与捐赠闲置物品行动，表达对他人和社区的关怀，提升自我价值感。

（三）小组计划

小组节次	活动主题	活动内容
第一节	拉近邻里心	1. 活动介绍 2. 相互认识 3. 前测：为自己的邻里互动频率打分 4. 制定契约 5. 组员参与游戏：大家一起来，看图找不同 6. 讨论分享：平时有什么和邻里一起参与的活动 7. 合影留念
第二节	共叙邻里情	1. 回顾上一节内容 2. 组员回顾过去，分享年轻时给邻居拜年的情形 3. 讨论分享：从前和现在邻里之间关系有什么变化 4. 合影留念
第三节	齐享邻里乐	1. 回顾上一节内容 2. 分享一道自己亲手做的美食 3. 讨论分享：疫情期间自己的饮食有什么变化，邻里关系有什么变化 4. 合影留念
第四节	促进邻里亲	1. 回顾上一节内容 2. 每位组员提供一件闲置物品，捐赠给"爱心中转站"，由社工转赠给有需要的居民 3. 分享感受 4. 合影留念
第五节	畅想邻里梦	1. 回顾巩固 2. 分享自己期待中理想的邻里关系 3. 组员讨论：怎样做才能形成理想的邻里关系 4. 填写满意度调查问卷 5. 合影留念

四、计划实施过程

（一）第一节：拉近邻里心

本节活动目标为增强组员彼此认识，了解小组目标，建立小组规范，为小组的继续开展作铺垫。具体内容包括社工开场，介绍小组计划；完成前测表填写，了解组员的社交网络状况和邻里之间的互动频率；引导组员参与"大家一起来，看图找不同"游戏，鼓励大家一起参与，促进组员融入小组，营造小组轻松氛围，增强组员互动与了解。

（二）第二节：共叙邻里情

本次小组目标是促进组员之间的了解，进一步拉近彼此的距离。活动内容主要包括社工引导组员回顾过去，分享年轻时给邻居拜年的情形。促进组员思考，从前和现在（包括疫情前后）邻里之间关系有什么变化。

（三）第三节：齐享邻里乐

本次小组目标是帮助组员发现自身特长，通过组员之间的相互鼓励和支持，悦纳自己，增强自信。活动内容主要包括组员分享一道自己亲手做的拿手好菜，要求说出食材原料、煮菜过程、口味特点以及有何功效。社工引领组员讨论：疫情对自己的饮食有什么影响？跟邻居有什么互动？

（四）第四节：促进邻里亲

本次小组目标是引导长者表达自己对他人和社区的关怀，帮助组员发现自我价值，提升小组的凝聚力。活动内容主要包括每位组员提供一件闲置物品，捐赠给"爱心中转站"，由社工转赠给有需要的居民。

（五）第五节：畅想邻里梦

本次小组目标为促进组员交流，分享感受，巩固小组成效。活动内容主要包括组员分享自己期待中理想的邻里关系；组员讨论怎样做才能达到理想的邻里关系目标;通过组员分享感受、收获和行动,来巩固小组成效;填写后测和问卷,了解服务反馈;合影留念,小组圆满结束。

五、总结评估

社工通过访谈、前后测表、小组过程记录表、满意度调查问卷对目标达成情况进行评估,从中分析组员的变化和小组的成效。

小组共开展 5 节,对长者自我价值和社交网络都产生了积极的影响。小组进展顺利,较好地达成了预期目标。通过小组环节的设置,如做游戏、回顾往事、分享拿手美食、捐赠闲置物品等环节,不仅促进了组员交流,而且促进组员表达了自己对他人和社区的关怀,让长者在参与的过程中发现自我价值。

回收的有效问卷显示,100% 的组员通过小组参与了不止一次的分享,促进了邻里之间的互动;100% 的组员通过小组认识了 2 个以上新朋友;100% 的组员参与了捐赠闲置物品,表达对他人和社区的关怀,提升了自我价值。

六、督导点评

通过 5 节小组活动,可以说本次小组工作基本上达到了预期的目的,小组成员参与情况基本上比较稳定,小组成员之间逐渐熟悉与了解,建立了良好的互动关系。第一,小组活动得到普遍认同,成员普遍对小组的形式以及小组内容感到有兴趣,并认为这样的活动内容丰富,自己也从小组中学到很多东西。第二,小组成员对社工也有了较好的了解,小组开始前社工就与组员进行了面谈。第三,小组成员之间的认识与了解增加了。小组活动中,社工发现部分组员在开始时比较拘谨,社工通过专业的引导和心理支持,鼓励老人自我调适、积极投入生活中而不是独居一隅。随着小组的进程,成员之间的状态也发生了很大的变化,成员之间的气氛也越来越融洽。

作者简介

张铎,助理社工师,广州粤穗社会工作事务所长者领域社工。

"日月同辉护耆安"为老服务项目

农小雪　卢　屏

一、背景介绍

CQ 街的户籍人口 28853 人，常住人口 26574 人，流动人口 12419 人，境外人员 255 人；60 岁以上长者 6543 人，约占街道常住总人口的 24.6%，其中，80 岁及以上长者 1821 人，独居孤寡长者 123 人（独居长者 70 人，孤寡长者 53 人），老龄化程度严重。在 CQ 街所居住的重点长者，主要以铁路退休职工为主，他们退休早、收入少，子女不在身边，每月与家人及朋友联系的频率都一般，相对于一般长者，家庭支持系统更为薄弱，照顾问题凸显，故他们在社区支援方面的需求更加明显。

我们谨记习近平总书记关于共同富裕的讲话精神，以向共同富裕靠近为目标，关注 CQ 街重点长者的生活，希望能够通过社区支持系统的搭建，增强重点长者的社区支持网络，提高重点长者的生活质量，营造社区邻里互助尊老爱老的氛围。并选取某社区作为项目开展的试点社区，总结服务经验，再在其他社区进行推广，共建邻里友好型养老社区。

二、分析评估

（一）社区照顾需求

CQ 街独居长者相比于一般长者，家庭支持系统更为薄弱，生活照顾主要依靠自我和社区的力量。在自我照顾方面，随着重点长者的年龄增长，生理机能产生变化，加之居家环境的不便，给他们的日常出行、看病等带来困难。

在社区支持方面，超半数重点长者均表示在遇到困难时会寻求社区居委会的帮助，同时也会寻求邻里的帮助，故而他们在社区照顾方面的需求更加明显；而居委会工作人员也表示，社区重点长者数量较大，希望社工可以为重点长者开拓社区关注及支持的服务，动员社区中多方力量共同为重点长者搭建社区照顾的支持网络。

（二）居家安全改造需求

在居家安全方面，随着重点长者的年龄增长，生理机能产生变化，更加容易发生意外情况，且长者一个人在家发生意外无人知晓的状况也有可能出现，因此长者智能居家改造需求突出。

（三）精神层面需求

从精神层面来看，大部分长者会因独居而产生孤独感，并且担心独居发生意外无人发现而没有安全感，长者家庭支持系统较为薄弱，长者较少与家庭成员沟通或互动，且对自我的认同感降低，孤独感逐步加强，渐渐变得与外界隔断，产生疏离感。因此，长者在情感方面的需求比较迫切。

三、服务计划

（一）服务目标

总目标：搭建社区支持系统，增强重点长者的社区支持，提高重点长者的生活质量，营造社区邻里互助爱老的氛围，让他们能够过上健康安全的晚年生活。

分目标：

链接慈善资源，为高龄独居长者提供智能适老居家改造等服务，促进高龄独居长者在社区内照顾、由社区照顾。

搭建社区邻里互助平台，增强高龄独居长者的社区支持网络。

（二）服务策略

悬挂"耆安牌"，实施"耆安·日计划"和"耆安·月计划"。让高龄独居长者自助翻牌，以识别高龄独居长者的安危状态；通过"耆安牌"，让邻里、社区志愿者、社区爱心人士等识别社区中需要救助和关注的对象，增强高龄独居长者的社会支持网络；社工站通过"五社联动"，将链接到的所有资源，优先投放给挂牌的对象；以"耆安牌"为服务媒介，用全人关怀的视角，全方位为高龄独居长者提供生理、心理、社会支持等方面服务。

四、计划实施过程

（一）服务时间

2022 年 1 月开始实施至今。

（二）具体服务内容

服务计划	服务目的/目标	具体服务内容
耆安·日计划	1. 搭建社区支持系统，增强重点长者的社区支持网络，提高重点长者的生活质量 2. 普及政策资源，共同搭建"五社联动"的护耆平台，为重点长者提供各类资源的支持	社会政策惠耆安： 通过在社区设置摊位进行政策宣传及义诊，为重点长者普及各类政策信息，使更多长者享受政策带来的福利 资源链接暖耆安： 1. 联动社区、社会工作者、社会组织、社区自治组织等非正式资源和正式资源，共同搭建多方联动护耆平台，为重点长者提供各类资源的支持 2. 以节假日为契机，链接多方资源，探访慰问挂牌长者 3. 链接医疗资源，为挂牌对象开展义诊服务，维护挂牌长者的身心健康，提高长者的健康意识

续表

服务计划	服务目的/目标	具体服务内容
耆安·月计划	1. 营造社区邻里互助爱老的氛围，让他们能够过上健康安全的晚年生活 2. 链接慈善资源，为重点长者提供智能适老改造等服务，促进重点长者在社区内照顾、由社区照顾 3. 搭建社区邻里互助平台，增强重点长者的社区支持网络	志愿服务助耆安： 1. 成立"友邻护耆安"志愿服务队，通过志愿服务定期巡访挂牌长者；特殊时期（如疫情封控期、极端天气期等）组织志愿者每日一访，以保障挂牌长者的安全；在国家法定节假日，志愿者自发组织巡访挂牌长者，弥补社工、居委会、街道工作人员不在岗时的服务空档期，为挂牌长者织密无死角的安全网 2. 针对"友邻护耆安"志愿服务队开展志愿者招募、培训、团队建设等；培育"友邻护耆安"志愿服务队骨干，使志愿服务队成为社区自治组织 智能居家享耆安： 1. 链接广州市慈善会"安居"工程的资源，为挂牌长者的特殊需求开展居家安全改造，如蹲厕改造、安装扶手、高低地面平整、地面防滑改良等 2. 链接社区爱心人士/单位的资源，为所有挂牌的长者安装烟雾报警器、煤气泄漏报警器、智能声控小夜灯，铺设防滑垫等

（三）项目服务流程

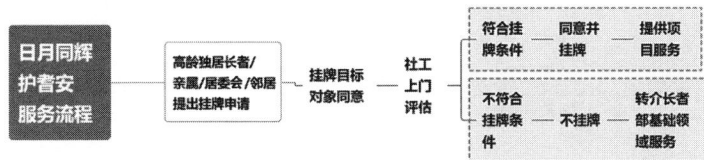

五、总结评估

（一）服务投入（人员、资金、物资、服务时长等）

人员投入方面，项目最开始投入了一名全职社工，开始做项目的调研、摸底，随着挂牌对象的增多，需要的志愿者也增多，因此后期再投入一名全职社工，目前共有两个社工执行项目服务。服务部长和中心主任作为项目统筹监管人员，指导项目开展。

经费和资源投入方面，"日月同辉护耆安"为老服务项目是 CQ 街社工服务站下设的一个分项目，是广州市社工服务"113X"模式中的"X"（特色）

项目。项目经费包含在整个社工站的购买项目里，无偿面向服务对象提供服务。项目还通过"五社联动"链接社会资源折合人民币17686.2元，为挂牌对象提供更多服务。

（二）服务产出和成效

1. 甄别重点服务对象，精准提供个性化的动态服务

"日月同辉护耆安"项目的"耆安牌"正反两面代表白天和夜晚，长者早上和晚上需要自己翻牌，以示长者的状态是安全的。如果长者门口的"耆安牌"的状态不对（如白天挂的是夜晚面），那长者很大可能存在危险，需要邻里、志愿者、居委会工作人员等敲门探视，如无反应或是发现确实存在危险，则可为长者拨打急救电话或是按照"耆安牌"上的联系方式，联系社工站的社工，以协助处理。"耆安牌"的最终目的是及时发现长者在家中发生的危险，及时处理。经过一年的服务和观察，社工结合长者的建议及长者的使用情况，给耆安牌"太阳""月亮"增加凹凸触摸效果，以便长者通过触觉分辨耆安牌的白天与黑夜，便于长者个人自助，使邻里、社区等准确了解长者的情况。

"耆安牌"日面、夜面

在社工与志愿者的宣传与拓展下，已为CQ街21个长者门上挂上"耆安牌"，服务范围从西站社区扩展到侨苑、陈岗以及流花3个社区，为更多高龄独居/孤寡长者/独居重度残疾长者开展精准性个别化服务。疫情期间及后疫情时期，社工根据长者的个别化需求，为1名长者联系志愿者协助维修微波炉，联系专才志愿者为1名长者维修电灯开关；1位长者水管漏水家里浸水，社工为其联系相关人员进行维修。疫情期间为长者送菜，长者在家摔倒，社

工联系志愿者入户查看情况并帮忙换衣服，帮助长者与家属联络沟通，也为长者提供情绪支持，协助长者更好应对疫情。

2. 联动各方资源与力量，为重点独居老人密织居家安全网

在个人层面，项目为挂牌长者普及居家安全防范知识，如急救知识、求助知识、居家环境安全知识等。为长者申请慈善会资源"安居计划"进行居家环境改造，安装声控智能小夜灯、煤气泄漏报警器、烟雾报警器等。提升独居重点长者的安全防范能力，减少居家事故的发生。

在家庭层面，督促亲属加强对高龄独居长者的支持（孤寡长者除外），"日月同辉护耆安"项目服务对象，基本都是亲属支持比较弱，或是因地理限制，如子女在国外或外地，或是因为经济条件的限制，或是因为亲子关系不佳等因素。社工通过与家属联络，反馈高龄独居长者的现状和需求，经过日常的联络反馈，取得高龄独居长者亲属的信任，间接影响高龄独居长者与亲属的关系，增强高龄独居长者亲属对他们的支持力度。

在邻里层面，开展邻里敲门行动。社工走访所有已经挂了"耆安牌"的长者的邻里，介绍服务对象的基本情况（以取得支持），介绍项目的服务内容、目的，提出需要的支持（举手之劳，不增加邻里的心理负担压力），希望邻里在日常进出时关注高龄独居长者的"耆安牌"状态，如发现异常，需要邻里伸出援助之手，开展敲门行动或是拨打救助电话等；增强邻里互动和邻里支持系统，推广项目服务宣传。2022 年 11—12 月疫情期间，CQ 街全区被划定为高风险区域，多位挂牌长者出现各方面的需求，如买菜、买药、就医等，社工联动居委会、邻里共同为挂牌长者解决问题。例如，谢叔在 11 月疫情期间不会买菜买药，社工联系邻里帮助其买菜买药，助其渡过难关。

在社区志愿服务层面，成立"友邻护耆安"志愿者服务队，招募社区帮扶志愿者，为挂了"耆安牌"的长者匹配多对一的志愿服务；以就近为原则进行招募，对帮扶志愿者进行培训，让志愿者了解帮扶对象的基本情况，了解项目服务内容，了解今后志愿者的职责和工作内容。志愿者服务，补充了亲属和邻里的资源和力量，扩大了独居重点长者的支持网络。"友邻护耆安"志愿服务队目前有 32 个成员，基本是 2 个志愿者服务 1 个挂牌长者。志愿服务队服务内容如下：

（1）志愿者日常进出或是路过时对长者进行探视，观察"耆安牌"的状态是否正常。

（2）在社工组织下，一个月定期探访挂牌长者 2 次，特殊时期，如疫情期/极端天气时期，需要每日一电访，以确保挂牌长者的安全。

（3）国家法定节假日，街道、居委会、社工站等单位放假期间，志愿者巡访挂牌对象，避免服务对象有救助需求或是发生居家事故无人知晓的状况发生。如春节期间，社工在节前培训好志愿者，制定好应急程序和预案，做好志愿者的系统签到、签退等工作，中秋节、国庆节及春节期间，在没有社工组织的情况下，志愿者对帮扶对象进行巡访和探视，保证帮扶对象平安度过假期。

在社会各界联动层面，联动各爱心企事业单位、爱心社会组织等，链接各类生活物资资源，为独居重点长者提供更多物质上的帮助，保障独居重点长者生活物资支持。同时组织各爱心单位/个人开展探访慰问活动，扩大独居重点长者的社会支持网络。

在居委会联动层面，社工站与居委会联手，精准甄别服务对象，共同为服务对象提供精准服务。

3. 从全人观照角度介入长者的需求，使高龄独居长者在社区内得到更好的照顾。

在生理层面，从衣食住行等方面为长者提供服务，目前已为多名长者开展适老化服务，改善长者的居家环境，同时为长者解决生活问题，促进长者更好地在社区照顾、由社区照顾，提高长者的生活质量，为高质量发展提供社会保障。例如，为 20 位挂牌长者安装智能声控小夜灯；链接慈善会资源，为 5 户挂牌长者申请"安居计划"并完成居家安全改造；联动专才志愿者为挂牌长者维修微波炉和电灯开关，协助挂牌长者解决下水道堵塞问题；疫情期间送菜送药，及时介入和解决挂牌长者在家里摔倒的求助；等等。

在心理层面，采用"五社联动"模式不定期电访/探访慰问挂牌长者，提供情感支持与关怀。每月不定期入户探访、节假日巡防、电访慰问独居重点长者，为独居孤寡长者提供情感支持与关怀。

在社会支持层面，通过"五社联动"促进挂牌长者在社区内得到更好的照顾。如与岭南制药、社区医院达成共建协议，链接资源并结合长者的实际需求，为挂牌长者提供多样化服务，如安装智能声控小夜灯以及义诊义剪服务进社区等，满足挂牌长者多层面的需求。

4. 营造社区互助氛围，促进社区和谐

项目通过个人自助、家庭互助、邻里互助、社区互助等多个层面的互助建设，营造良好的社区风气，宣扬社区正能量，提升了社区自治能力，促进了社区和谐。也让独居重点长者拥有了获得感、安全感、健康感和幸福感。

5. 项目得到媒体关注和报道，社会影响力增强

"日月同辉护耆安"为老服务项目得到了街道党工委、办事处的认可和支持，同时也得到了珠江电视台、《羊城晚报》、广州市《老人报》、腾讯网、搜狐网的深度报道。

六、专业反思

（一）项目服务亮点

"耆安牌"设计"日"面和"夜"面，分别以太阳和月亮作为形象图案，方便不识字的服务对象辨别，以减少高龄独居长者发生居家意外的风险。目前"耆安牌"在不断实践过程中改良，以满足服务对象的实际需求，已经发展到3.0的版本。3.0版本的太阳和月亮图片是3D立体设计，以方便视力不好的长者可用触摸的方式辨识"耆安牌"的"日"面和"夜"面，协助长者每天顺利翻牌。

（二）项目成效思维导图

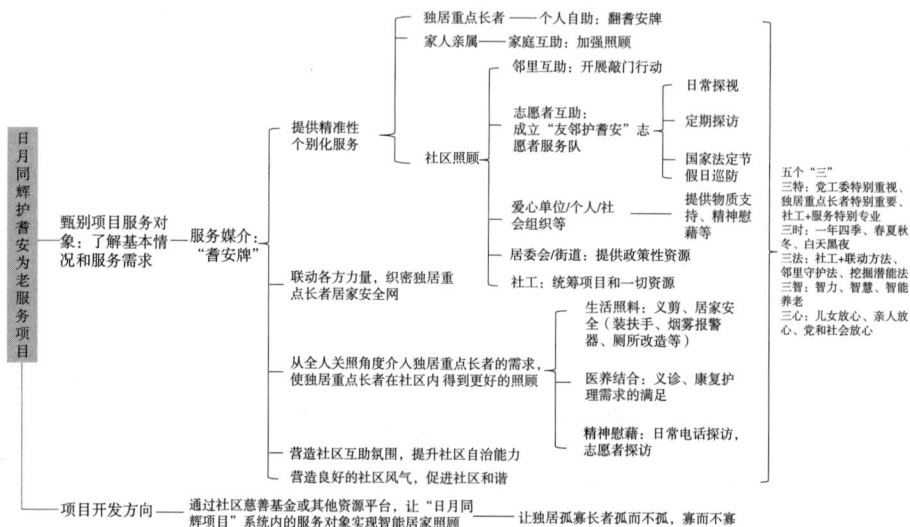

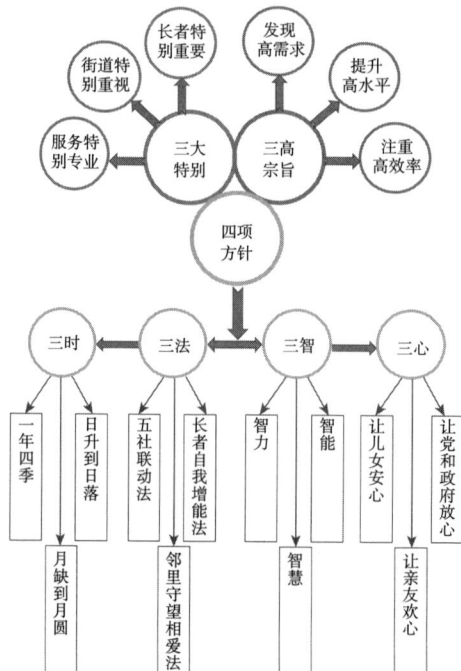

日月同辉护耆安为老服务项目

- 甄别项目服务对象：了解基本情况和服务需求
- 服务媒介："耆安牌"
  - 提供精准性个别化服务
    - 独居重点长者——个人自助：翻耆安牌
    - 家人亲属——家庭互助：加强照顾
    - 社区照顾
      - 邻里互助：开展敲门行动
      - 志愿者互助：成立"友邻护耆安"志愿者服务队
        - 日常探视
        - 定期探访
        - 国家法定节假日巡防
      - 爱心单位/个人/社会组织等——提供物质支持、精神慰藉等
      - 居委会/街道：提供政策性资源
      - 社工：统筹项目和一切资源
  - 联动各方力量，织密独居重点长者居家安全网
- 从全人关照角度介入独居重点长者的需求，使独居重点长者在社区内得到更好的照顾
  - 生活照料：义剪、居家安全（装扶手、烟雾报警器、厕所改造等）
  - 医养结合：义诊、康复护理需求的满足
  - 精神慰藉：日常电话探访，志愿者探访
- 营造社区互助氛围，提升社区自治能力
- 营造良好的社区风气，促进社区和谐
- 项目开发方向——通过社区慈善基金或其他资源平台，让"日月同辉项目"系统内的服务对象实现智能居家照顾——让独居孤寡长者孤而不孤，寡而不寡

五个"三"
三特：党工委特别重视、独居重点长者特别重要、社工+服务特别专业
三时：一年四季、春夏秋冬、白天黑夜
三法：社工+联动方法、邻里守护法、挖掘潜能法
三智：智力、智慧、智能养老
三心：儿女放心、亲人放心、党和社会放心

三大特别：街道特别重视、长者特别重要、服务特别专业
三高宗旨：发现高需求、提升高水平、注重高效率
四项方针：
- 三时：一年四季、日升到日落、月缺到月圆
- 三法：五社联动法、长者自我增能法、邻里守望相爱法
- 三智：智力、智能、智慧
- 三心：让儿女安心、让党和政府放心、让亲友欢心

七、督导点评

社工针对城市社区老龄化现状，为高龄独居多病老人设计开展的"日月同辉护耆安"项目，获得国家专利。这一计划在广州试行反响很好，现在江西某些社区推广，最近被新华网专题报道。"日月同辉护耆安"围绕日"护"耆宅、日"照"耆安、耆宅升明月、月下思耆安这四大板块，为独居重点长者提供专业服务的同时，社工还结合高龄、独居、孤寡、重残等重点长者们的需求和多方意见，为服务对象设计和上门安装"耆安牌"，以"耆安牌"为服务媒介，观察老人白天、晚上是否翻面（翻面了证明是安全的）来甄别高龄独居长者的居家安危系数，依托邻里、志愿者、社区组织、居委会、街道等随时提供支援服务，降低高龄、独居、孤寡、重残等重点长者发生居家意外的概率。正如有关领导所言："'日月同辉护耆安'项目通过实施各项关爱帮扶措施，整合社区资源，在辖区内进一步形成尊老、敬老、爱老、助老的浓厚氛围，为高龄、独居、孤寡、重残等重点长者提供生活照料、情感慰藉、适老微改造等为老服务，提升长者生活质量，变'空巢'为'暖巢'，让老有所养、老有所安、老有所乐不再是空谈，让高龄、独居、孤寡、重残等重点长者更好地享受社会发展的成果，收获实实在在的幸福感。"

附：项目服务典型案例

案例一：老有所依，化解耆困

"日月同辉护耆安"项目自 2022 年 1 月启动以来，通过"五社联动"的服务模式为众多长者的晚年生活提供了保障，挂"耆安牌"重点长者廖阿姨就是其中的一员。

廖阿姨今年已经 83 岁了，是社区独居孤寡长者，也是社区重点兜底长者。2022 年 4 月，廖阿姨因厨房下水道堵塞、废水倒灌问题向社工寻求帮助。交谈中，社工了解到，廖阿姨所居住的整栋楼房均有同样的问题，而廖阿姨家的情况最为严重。要解决该问题，需挖开沙井盖来彻底清理下水道。但一楼既有住户又有商铺，清理计划遭到了商铺老板的强烈反对，因为动工意味着店铺停业。于是，社工不断与该栋楼的管理员、其他住户进行沟通协商，商谈动工的方案及出资问题，并联动社区居委会工作人员一起参与会议，最终成功说服商铺老板同意动工。经过4个多月的努力，廖阿姨家终于又回归干净整洁。

"非常感谢社工及友邻志愿者的关心及照顾，为我解决了这个大难题，如果只有我自己一个人，我真的不知道什么时候才能搞定。"廖阿姨感激地说，她还特意为CQ街社工服务站送上了"粤穗社工化解耆困，日月同辉护耆安居"的锦旗。

案例二："耆安牌"助耆化险为夷

随着日月同辉"耆安牌"在社区居民中的影响力越来越大，也帮助一位独居长者尹姨及时脱离困境。事情发生在2023年新年上班第一天，社工收到社区居民陈先生拨打的求助电话，声称是独居长者尹姨楼下的邻居，听到尹姨家里有比较大的撞击声。他担心尹姨可能有危险，便拨打了耆安牌上的服务热线。

事情紧急，社工立即指引志愿者和陈先生分头行动，首先要想办法确认尹姨的人身安全。通过努力，陈先生首先进入尹姨家中，果不出所料，尹姨真的摔倒在地上。陈先生首先检查尹姨有没有摔伤，发现没有骨折等危险因素，是尹姨因为感染了新冠，全身无力才摔倒在地上，且没有力气再坐上沙发，所以只能在地上等待救援。

社工赶到尹姨家里时，见到尹姨精神疲惫，脸色苍白，但是意识清醒。见到社工，她表现出感谢与欣喜。社工为老人盖上毛毯保持体温，并与其他救助者一起等待医务人员的上门诊治。后来通过社工一段时间的上门关心探访，尹姨因为同城的亲戚不能前来看望自己的失望心情有所好转，不停地感谢社工的关心和帮助。她激动地说："真是感谢你，不然我死都没人知道。好人有好报！"

这只是项目帮扶老人渡过困境的一件小事。社工每天都操心着项目内20位独居长者的一举一动。为应对我国老龄化的社会压力，我们希望更多像陈先生一样的好心邻居能加入我们"友邻护耆安"志愿队伍，共同守护社区的长者，让老人能够在社区内安心幸福地养老。

作者简介

农小雪，广州粤穗社会工作事务所社工，时为CQ街社工服务站主任、中级社工师。

卢屏，广州粤穗社会工作事务所社工，初级社工师。

黄昏之花，灿烂绽放

——社工介入独居长者个案

张 铎

一、背景介绍

Z姨，84岁，丧偶，独居，有糖尿病史5年，喜欢吃辣，身体行动能力较好，能自我照顾。服务对象青壮年时期在湖南老家务农，独自照顾3个小孩，丈夫一直在广州铁路局工作。1987年，服务对象带着小孩到广州投奔丈夫。因为要照顾3个小孩，服务对象一直全职做家庭主妇。服务对象丈夫2018年因脑梗去世，服务对象曾住儿女家，后发现自己与年轻人的生活习惯不同，于是开始独居生活。

二、分析预估

服务对象住在铁路局的家属区，人多口杂，自从丈夫去世后，她仍然保持爱打扮的生活习惯，受到邻居的闲话嘲讽，服务对象不愿意跟邻居起冲突，从此极少跟邻居来往，导致心情郁闷，需要情绪疏导。

服务对象一直做家庭主妇。由于经济来源全靠丈夫，导致服务对象在家没有话语权，加上受到邻居指责，个人缺乏自信，需要提升自我价值感。

服务对象有糖尿病，饮食口味较重；时常头痛，可能是负面情绪影响，也有可能是身体原因，需要提高健康管理能力。

服务对象独居，邻里关系疏离。服务对象需要多参加社区活动，拓展人际支持网络。

三、服务计划

（一）服务目标

社工定期和服务对象面谈，提供陪伴和倾听，疏导其负面情绪，提升其自我价值感。

督促进行一次全面的体检，并学习关于糖尿病的起居饮食方面的注意事项，提升健康管理能力。

社工邀请服务对象参与社区活动，拓展交际圈，认识新朋友，提升社会支持网络功能。

（二）服务理论

1. 社会支持理论

社会支持理论亦称社会支持网络理论，它指出人生活在由个人接触所形成的关系网中，通过这个关系网使个人得以维持其认同，并获得情绪支持、物质救援、服务、讯息、新的社会接触等。一个人所拥有的社会支持网络越强大，就能够越好地应对各种来自环境的挑战。在本个案中，社工为服务对象搭建平台，学习有关情绪的知识，分享生活状态，调节负面情绪，增强长者社区网络支持。

2. 情绪 ABC 理论

埃利斯提出的情绪 ABC 理论中，"A"指的是所发生的事件、场景、人物；"B"是人对 A 所产生的想法，或者人们的一些根深蒂固的信念和认知；"C"指的是结果，包括情绪、行为、躯体反应等。人们往往会忽视 B，认为自己的负面情绪、不良行为等都是因为 A 造成的，但其实我们对待人或事物的看法才是导致负面情绪的真正原因。

四、计划实施过程

具体目标	服务内容和服务形式
情绪疏导，提升自我价值感	1. 社工定期和服务对象面谈，提供陪伴和倾听，疏导其负面情绪 2. 利用缅怀疗法，促进服务对象回忆往事，发现自己的价值 3. 社工邀请服务对象参与"长者情绪支持小组"，改善其负面情绪
提升自我健康管理能力	1. 服务对象了解关于糖尿病的起居饮食方面的注意事项 2. 链接社区医疗资源，进行一次全面的体检
建立社交圈，拓展人际支持网络	1. 邀请服务对象参与社区活动，鼓励服务对象发挥自己特长，加入社区长者合唱团 2. 拓展交际圈，认识新朋友

五、总结评估

（一）评估方法

社工主要通过个案评估反馈表、服务对象的情绪状态、日常表现的改变进行评估。

（二）评估内容

服务对象对社工服务的满意度为"非常满意"。

服务对象参与了三八妇女节活动、后疫情时代饮食讲座、预防脑退化宣传讲座等社区活动。在丧夫之后，她重新走出家庭，拓展了人际圈。

服务对象通过参加长者情绪支持小组，分享自己的人生故事，获得了来自组员的理解和支持。

服务对象不再郁郁寡欢，多次参与社区活动，开始重新精心打扮，穿上了自己喜爱的衣服，搭配了珍珠项链，戴上了镶花的草帽，整个人笑容满面，精神面貌焕然一新。

服务对象参与了饮食讲座，并在社区医院进行了一次全面的体检，对自己的身体状况有了更详细的了解。同时，她通过向医生咨询，对糖尿病患者的保健有了更深的认识。

服务对象加入了社区长者合唱团，并定期参与练唱活动，认识了两位以上的好朋友，成功拓展了自己的人际支持网络。

（三）结案评估

目标一：情绪疏导，提升自我价值感。

目标达成良好。社工通过陪伴和倾听，并邀请服务对象参与"情绪小组"，利用"叙事疗法"，引导服务对象诉说自己的人生故事，同理服务对象经受的痛苦和伤害，让服务对象得以宣泄自己的负面情绪，并协助其在人生故事中肯定自己、发现自我价值。

目标二：提升自我健康管理能力。

目标达成良好。服务对象参与了后疫情时代饮食讲座活动，并去社区医院做了一次全面的体检，向医生咨询了相关知识，对自己的身体健康状况有了更深层的认识。

目标三：建立社交圈，拓展人际支持网络。

目标达成良好。服务对象走出了家属小区，参与了社区活动，每次出门前都会精心打扮。她认识了一批志同道合、同样拥有爱美之心的老年朋友。

六、专业反思

当服务对象感受到环境的压迫时，社工可以从两个方面着手：微观层面对其行为进行肯定，再从中观层面改变其周遭环境。特别是中观层面，社工通过邀请服务对象参与情绪小组以及社区活动，帮助她舍弃了原来的家属小区社交圈，重新开发了新的社交圈，结识了一群志同道合、认同自己服饰审美的新朋友，在情感上获得了支持，让服务对象感觉自己不再孤立无援。

七、督导点评

服务对象的问题主要体现在社会参与和心理情绪方面，社工在评估服务对象的需求后，提出介入计划，为服务对象建立社会支持网络。社工了解了服务对象的兴趣爱好，根据其爱好邀请服务对象参与社工开展的活动，增加服务对象的社会参与，认识更多有相同兴趣爱好的居民。在志愿者和居民的陪伴下，服务对象慢慢调节了自己的负面情绪，改变以往的主观意识，愿意主动走出家门和身边的邻里交流，融入和谐社区。

从"心"出发，赋能解困

——长者认知行为治疗个案

李静雯

一、背景介绍

（一）服务对象基本资料

姓名：H姨。

性别：女。

年龄：73岁。

个案来源：居委会转介，需要社会工作者紧急介入困境长者服务。

（二）求助背景

服务对象早年丧偶，与儿子相依为命。儿子因伤人被判入狱2年，被评为精神障碍二级，儿子的房子被拍卖用于赔付伤者。儿子出狱后没多久旧病复发，因有伤害服务对象的暴力行为，被强制送入精神专科医院治疗。服务对象没有任何收入来源，加上儿子的医保已断保多年，巨额的治疗费用让她喘不过气来。雪上加霜的是，房子的现任业主强行收房，要求服务对象立刻搬走。服务对象哭诉："儿子不在身边，房子没了，怎么办？我什么都处理不了。"

二、分析评估

（一）生理层面：服务对象属于高龄长者，四处奔波力不从心

服务对象患有高血压，其他生理机能良好，基本能够自理，但行动能力、

理解能力、接受能力都有不同程度的下降，无法很好地理解当前有关医保、房屋产权等政策，也没有体力能够多次重复奔走在医保局、社保局、法院等相关政府部门之间。

（二）心理层面：服务对象生命历程坎坷，缺乏信心，存在非理性思维

服务对象丈夫早逝，一直依靠儿子过活，自身缺乏主见，没有稳定的工作，没有退休金，当唯一的儿子患上精神疾病，甚至发生伤人事件后，感到十分的无助，存在非理性思维，总是认为"我处理不了的"，为了逃避处理法院房屋拍卖的事宜，她回到老家与老母亲居住，直到儿子出狱后才返回广州。

而服务对象儿子出狱后，对服务对象实施语言与行为暴力，服务对象依然存在非理性思维："我没有用的，我处理不了的。"使服务对象受伤害期间并没有求助任何人。

现面临无力支付儿子住院费，住房随时被收回的状况，服务对象总是表现得十分的无助，对于现状有较多负面的语言，总是觉得老天对自己不公平，怨天尤人，对未来很茫然，缺乏信心。

（三）社会层面：服务对象社会支持网络薄弱，亲友关系疏离，朋友无力协助

服务对象早年丧偶，独自一人抚养儿子。服务对象儿子确诊患有精神二级残障，因在外就餐时与餐厅服务员发生冲突，打伤对方入狱服刑2年。儿子入狱后，服务对象回汕头老家照顾90多岁的母亲，依靠娘家生活，今年服务对象回广州的家，依靠特困金生活，生活中没有朋友可以提供支持。

三、服务计划

（一）服务目标

1. 总目标

服务对象建立正向的思维，应对儿子住院费与住房问题的能力得到提升。

2. 分目标

（1）缓解服务对象因儿子住院费的压力与住房问题的焦虑情绪。

（2）服务对象建立正向的理性思维，推动当前问题的解决。

（3）服务对象形成正向行为，处理儿子医保问题，解决住房问题。

（二）服务理论

认知行为理论认为，在认知、情绪和行为三者中，认知扮演着中介与协调的角色。认知对个人的行为进行解读，这种解读直接影响着个体是否最终采取行动。认知的形成受到"自动化思考"机制的影响。所谓自动化思考是指经过长时间的积累形成了某种相对固定的思考和行为模式，行动发出已经不需要经过大脑的思考，而是按照既有的模式发出。或者说在某种意义上，思考与行动自动地结合在一起，让人不假思索地行动。正因为行动是不假思索的，个人的许多错误的想法、不理性的思考、荒谬的信念、零散或错置的认知等，可能存在于个人的意识或察觉之外。因此，要改变这种状况，就必须将这些已经可以不假思索发出的行动重新带回个人的思考范围之中，帮助个人在理性层面改变那些不想要的行为。认知行为理论将认知用于行为修正，强调认知在解决问题过程中的重要性，强调内在认知与外在环境之间的互动，认为外在的行为改变与内在的认知改变都会最终影响个人行为的改变。

社会工作者运用认知行为理论，强调服务对象的认知在解决问题过程中的重要性，强调服务对象内在认知与外在环境之间的互动。社会工作者帮助服务对象界定问题，拟定行动目标，推动服务对象解决当前的问题，并且引导服务对象调整灾难化的非理性认知，促使服务对象产生正向的思维，提高自我效能感。

（三）服务程序

1. 第一阶段：与服务对象建立专业关系，梳理非理性思维，了解已固化的行为模式

社会工作者运用专注、聆听、同理心的专业技巧，了解服务对象的身体状况、过往的生活经历，当前的心理状况、情绪表现、行为表现等，由此厘

清服务对象的非理性自动思维，评估非理性自动思维对服务对象行为的影响以及对当前事件的影响。

社会工作者秉持着接纳、非批判、个别化的专业实践原则，与服务对象建立专业关系，并且确立社会工作者为引导者、同行者的角色，给予服务对象适切的支持。

2. 第二阶段：推动正向认知的产生，促进正向行动的出现

社会工作者立足于认知行为理论，将认知用于行为修正，根据内在认知与外在环境之间互相促进的关系，把服务对象外在的行为作为立足点，挖掘例外事件，从一次正向的行为开始，促进服务对象内在的认知改变，最终影响个人行为的改变。

3. 第三阶段：巩固正向行为，提升应对能力

从强化服务对象正向的认知，到强化服务对象的正向行动，保持服务对象的主动性，社会工作者作为同行者推动服务对象自主应对问题。评估服务对象正向认知对于日后生活的促进作用，巩固服务对象正向行为。

四、计划实施过程

（一）与服务对象建立专业关系，厘清非理性思维

1. 了解服务对象基本情况，缓解当前危机

服务对象儿子患有精神二级残障，早年由于伤人事件被判入狱 2 年，并且没收个人固定资产用于赔付伤者。

出狱后，服务对象儿子多次控制不住情绪而对服务对象实施语言暴力与行为暴力，而服务对象存在非理性自动化思维："我没有用的，我处理不了的。"这使服务对象受伤害期间没有求助任何人。

服务对象儿子再次对服务对象实施暴力行为，服务对象由于受到较大的伤害逃出家门，被邻居发现。邻居立即报警并联系居委会，当晚通过社会工作者、医院、警方、居委会、街道办多方协助，共同将服务对象儿子强制送入精神病医院接受治疗，确保服务对象的人身安全。

2. 运用社会工作专业技巧，与服务对象建立专业关系，确定需求

社会工作者接到居委会的转介后，迅速了解服务对象的生活状态、过往经历、形成当前困境的原因，服务对象所做过的努力、居委会曾经给予的支持等信息，了解到服务对象儿子在服刑期间无法续缴医保，导致医保处于断保状态，其入住康复医院治疗的费用无法报销。以服务对象的经济条件，她无法支持儿子每个月几千块的住院费。

此外，目前服务对象所居住的房子的现任业主已经发出律师函，表示要收回房子。以服务对象的经济条件，无法通过租房子来解决这个问题，服务对象也不愿意回老家继续依赖年迈的母亲，甚至连申请公租房之类的社会福利也由于产权不清晰而不能通过经济审核，服务对象面临没有地方可住的困境。

3. "我处理不了的"非理性自动思维，使服务对象情绪消极，缺乏动力

在居委会工作人员、社会工作者与服务对象谈及服务对象儿子医保处理方法、房屋被收的问题时，服务对象情绪十分激动、悲观，哭泣、无助："为什么老天对我这么不公平？""我没用，我什么都做不了的。"非理性自动化思维较强烈，对未来非常茫然，缺乏动力。

(二) 推动正向认知的产生，促进正向行为

1. 重塑服务对象界定问题角度，细化、具体化行动目标

由于服务对象的非理性自动化思维较强烈，从而使服务对象情绪反应较大，导致服务对象缺乏理性思考，社会工作者在同理服务对象情绪的基础上，通过面对面沟通引导服务对象回归理性思维。

社会工作者："我明白你很无助，感觉自己没有办法解决这些困难，但是你还是希望解决对吧？"

服务对象回应："是要解决啊，但是我解决不了啊！"

由此，社会工作者从服务对象"希望解决问题"出发，重塑服务对象对问题界定的角度，从"解决儿子住院费问题"转换为"解决儿子参加居民医疗保险的问题"，再具体化至"先去社保局停止儿子历史的医保状态"。

服务对象从焦虑无助的状态，转化成可以实施具体行动。社会工作者为

服务对象解读相关医保政策，并一同前往社保局进行断保操作，再去税务局走重新投保流程，最终在医保局核实服务对象儿子的投保状态，使服务对象儿子顺利投保。在居民医保的覆盖下，服务对象儿子的住院费减免了70%，极大缓解了服务对象的经济压力。

2. 房屋余款处理程序烦琐，服务对象消极情绪加剧

在处理"解决儿子住院费"的问题中，服务对象产生了正向的行为。虽然在前往各个政府部门的过程中，仍然有非理性自动思维与消极的语言出现，但是在整个过程中，服务对象能够配合完成资料的准备、资料填写等流程，使服务对象儿子顺利参保。社会工作者继续帮服务对象界定问题角度，细化、具体化行动，帮助服务对象应对领取房款余款的问题。

现业主通过居委会知悉服务对象的情况后，同意律师协助服务对象领取房款余款，并且宽限服务对象两个月的时间处理此事。但是领取房款余款并非容易的事，由于案件在多年前发生，需要前往海珠区法院调取档案。档案调取后需要重新申请立案，回溯当年的案件情况，再申请领取余款，并且领取余款的必须是服务对象儿子本人，这使余款领取的难度倍增，服务对象的消极情绪由此加剧。

3. 服务对象形成"虽然困难，但我还是能应对的"正向思维

服务对象由于有处理儿子参保问题的经验，在前往海珠区法院调取档案并重新申请立案的过程中，情绪状态稳定，并且表现出"虽然困难，但是我还是能应对的"正向思维。

但随着领款程序的推进，出现了一个很棘手的问题：领取余款的必须是服务对象儿子本人，这在目前的状况下难以实现。

由此，律师建议了三个方案：

（1）将相关领款资料送入医院给服务对象儿子签署，包括同意将款项打入服务对象账户中。

（2）通过司法鉴定，认定服务对象儿子为无/限制民事行为能力人，使服务对象成为儿子的法定监护人，以监护人的名义领款。

（3）将服务对象儿子接出院，由儿子本人领取，但是万一服务对象儿子的精神状况不佳拒绝签署文件，可能会产生款项无法再次领取的风险。

面对如此复杂的情况，非理性自动思维再次影响服务对象的行为，向社会工作者表示"这么复杂，我都不懂，真的不想弄了，活得这么难，真想了结自己的生命！"

社会工作者同理服务对象的情绪，引导服务对象思考结束生命所带来的后果："现在你的儿子不能独立生活，他的生活和未来全靠你了，所以你要加油，为了儿子，要加油面对剩下来的事情。"

服务对象同意社会工作者的意见，随后社会工作者运用叙事治疗的手法，引导服务对象回忆过去艰苦的生活，将服务对象无力感的问题外化，重树服务对象的自信心："以前这么艰难的生活都能熬过来，现在虽然困难，但是你还是能应对的。"

（三）巩固正向行为，提升应对能力

面对领取余款一事，服务对象决定从第一方案开始尝试，在律师和社会工作者的协助下，服务对象与儿子进行了多次微信视频通话，服务对象的儿子仍然拒绝在医院中签署相关领款材料，第一个方案宣告失败。

在第二个方案中，需要对服务对象儿子进行司法鉴定，认定其为无/限制民事行为能力人，服务对象才能成为儿子的法定监护人，代替儿子领款。但是根据律师的经验，目前服务对象儿子的精神状态在司法鉴定下，不一定能认定为无/限制民事行为能力人，并且还需要自付巨额的鉴定费。

面对两难的局面，服务对象毅然决定选择第三个方案：将儿子接出院，由儿子本人领取。律师、社会工作者与服务对象分析若儿子的精神状况不佳拒绝签署领款文件，可能会产生款项无法再次领取的风险，并且服务对象可能再次面临暴力伤害。

对此服务对象向社会工作者表示："房屋款是儿子名下的，希望还是儿子自己领取，我相信我和儿子能够一起解决这些问题，力一个签，也是我和儿子一起面对。如果说怕他打我，我不跟他顶撞就好了。"由此可见，服务对象对于未来的规划、评估不同策略后果的认知能力有所提升，能够在不同情况下不断调整自己的认知，并且作出行为决定。

最后，社会工作者尊重服务对象的自主决定和信念，协助服务对象接儿子出院，并且顺利完成了领款程序。

（四）结案评估阶段

服务对象在社会工作者的协助下与各方沟通腾空房屋后的交房程序、申请公租房的后续安排，服务对象情绪状态良好，对于未来的生活也充满了信心，表示愿意与儿子共同面对以后的生活。服务对象儿子出院后的情绪稳定；并且能够与服务对象一同商讨家庭后续的安排，最终他们决定先回老家居住，以后如果能够轮候到公租房，再考虑回广州。

（五）回访阶段

结案后一个月，社会工作者回访服务对象。服务对象与儿子在老家的居住状态稳定；服务对象儿子的情绪状况稳定，并且与服务对象一同照顾年迈的外婆；服务对象情绪状态与身体状况良好，房屋的余款已顺利存入了银行，作为日后生活的资金储备。社会工作者表示若公租房有进一步的消息，居委会会联系服务对象，并且嘱咐服务对象确保与外界沟通的途径顺畅。

五、总结评估

（一）个案评价量表

问题 （按优先次序）	开启个案时	结束个案时
	困扰程度 （0~5分，0分代表不困扰，5分代表非常困扰）	
1. 缓解服务对象应对儿子住院费的压力与住房问题的焦虑情绪	5	1
2. 服务对象建立正向的理性思维，推动当前问题的解决	5	0
3. 服务对象形成正向行为，处理儿子医保问题、住房问题	5	2

在结案阶段，服务对象自评认为3个问题都得到妥善的解决，困扰程度都由开案时的5分，分别降低到0~2分，降幅在60%~100%，可见个案成效良好。

（二）目标达成情况

1. 总目标

服务对象建立正向的思维，应对儿子住院费的压力与住房问题的能力得到提升。

目标达成。通过认知行为理论的介入，从服务对象的一次正向行为开始，引导其建立正向的思维，服务对象解决问题的行动力、决策的能力、自我控制力、管理的能力得到提升，使服务对象有能力应对当前问题。

2. 分目标

（1）缓解服务对象应对儿子住院费的压力与住房问题的焦虑情绪。

目标达成。在个案过程中，社会工作者运用促进正向思维、叙事治疗等技巧，及时给予服务对象情绪支持，肯定服务对象作出的努力，增强服务对象的信心。服务对象从个案前期负面情绪较大，转变为积极配合各项事务，情绪也逐步稳定。

（2）服务对象建立正向的理性思维，推动当前问题的解决。

目标达成。社会工作者通过帮助服务对象界定问题，细化、具体化行动目标，促进规划，使服务对象评估不同行动策略的认知能力提升，促使服务对象能够在不同情况下不断调整自己的认知，从非理性自动化思维"我没有用的，我处理不了的"，转变为"虽然困难，但我还是能应对的"正向思维，推动当前问题的解决。

（3）服务对象形成正向行为，处理儿子医保问题、住房问题。

目标达成。在社会工作者的支持下，服务对象形成了"虽然困难，但是我还是能应对的"正向思维，从以往逃避处理问题，转变为积极配合处理儿子医保问题和领取房屋余款的问题，最终出现接儿子出院，与儿子一同面对未来的生活与风险的正向行为。

六、专业反思

（一）解决小问题，服务对象改变的开始

在个案的跟进中，社会工作者发挥了支持者的作用，虽然服务对象年纪大，理解能力和接受能力下降，但是社会工作者立足于帮助服务对象重新界定问题，细化、具体化行动目标，使服务对象采取了正向的行动，感受到例外事件，体会成功经验，使服务对象有信心一步一步地应对后续的问题。

其实在社会工作者日常工作中，经常会遇到服务对象面对问题态度消极，或者认为问题太大无法处理的情况。此时社会工作者可引导服务对象将问题具体化，并将大目标转换为更容易达到的小目标，拆解问题，一步一步将小问题解决，从而解决大问题。

（二）扩大维权途径的宣传

在社会工作者日常的服务中，经常遇到服务对象遇到侵权的情况，如遭遇家庭纠纷、邻里纠纷等时都难以得到有效的支持，服务对象对于维权的途径不清晰，对自身权益也不清晰。例如本案中的服务对象，若在两年前能得到有效的法律支持，领取房款余款、申请公租房，服务对象此时的困境可能就不会出现。因此，社会工作者在日常的服务中需提高自己的敏锐度，了解各种维权的途径，给予服务对象更及时、更有效的支持。

七、督导点评

社工运用叙事疗法，通过问题外化改变服务对象消极的认知理念，协助服务对象拆解问题，提升问题的解决能力，带动服务对象以积极的心态，运用法律的武器维护自身权益，明确维权途径。

作者简介

李静雯，初级社工师，广州粤穗社会工作事务所南华西社工站驻点社工。从事社会工作服务 5 年，擅长个体心理咨询、长者服务。服务格言：热爱可抵岁月漫长。

后　记

以党建引领和制度保障社会工作事业高质量发展，是贯彻落实党的二十大精神以及中央一系列决策部署，以专业服务驱动社会治理创新，推进社会治理体系和治理能力现代化，促进社会共同富裕，从而进一步巩固党的执政根基的重要举措。

正当全国人民迈入中国式现代化新征程之际，中央社会工作部适时成立，具有重大的现实意义。成立中央社会工作部，将实现中央对社会工作的统一领导、统一管理，将能更好解决社会问题，畅通民意诉求，完善中国特色社会治理体系，也是我国基层治理体系和治理能力现代化的深入推进，为社会工作发展搭建了广阔平台，社区居民对心理健康、人际和谐、社会参与等美好需要的日益增长为社会工作发展提供了源泉动力。

社会工作高质量发展面临历史机遇和重大挑战。经过 40 多年的社会工作专业教育实务发展，面对新时代参与解决社会主要矛盾的迫切需要，我国的社会工作开始迈进高质量发展阶段。正如王思斌教授所界定的那样，社会工作高质量发展是一种专业内涵式发展、进阶式发展，是社会工作在结构和功能上向更高层级的跃迁，是社会工作事业在整体上获得明显发展的过程，包含了社会工作知识和理论体系的发展。社会工作人才队伍素质的提高及其处理复杂问题能力的提升，促进了我国实际的社会工作实践模式的建立，以及社会工作制度的创新。

一、社会工作高质量发展推动基层治理创新

基层稳，政权稳，国家安。随着网络信息时代到来，人们的思想意识越

来越多元化，各个阶层、各个群体诉求越来越多元复杂。基层的稳定，正在成为当前社会发展越来越突出的问题。基层治理的重要性给我们提出了以下新的工作要求。

第一，充分发挥社会工作联系、服务社区居民的优势特点，注重把政治素质好、业务水平高的社会工作专业人才吸纳到党的基层治理队伍中，支持有突出贡献的社会工作专业人才进入人大、政协参政议政。

第二，将社会工作专业知识纳入基层党政干部培训课程，支持基层党组织通过向社会工作服务机构购买服务等方式，丰富社区居民服务供给，提升专业化服务水平。通过优质的专业服务，赢得社区居民的广泛认可。

第三，将社会工作专业人才培养成为宣传党的路线方针政策、传递党和国家温暖、联系服务社区居民的重要力量。拓展党的社区居民工作方法，即服务需求从社区居民中来，服务方案实施到社区居民中去，进一步融合社会工作理念、理论和方法，有效提升社区居民服务水平。

二、社会工作高质量发展推动民生服务改善

支持、引导社会工作者充分运用专业理念和技能，为社区居民特别是困难群体提供帮困扶弱、情绪疏导、心理抚慰、精神关爱、行为矫治、就业辅导、社会康复、权益维护、危机干预、关系调适、矛盾化解、能力提升、资源链接、社会融入等方面服务，帮助个人、家庭恢复和发展社会功能，建立支持系统。坚持"物质＋服务""精神＋服务"基本公共服务与专业化、个性化服务相补充的理念，推动民生保障服务从单纯的物质保障向包括精神、心理、文化、社会等在内的全方位服务转变，有效满足社区居民对美好生活的新期待。

三、社会工作高质量发展推动治理能力提升

社会工作服务助推基层治理能力提升，畅通和规范社会工作者参与社会治理的途径，创新社区与社会组织、社会工作者、社区志愿者、社会慈善资源的联动机制。社会工作从社会救助、养老服务、儿童福利、社区建设、社会事务、社会组织发展等民政领域，向卫生健康、犯罪预防、禁毒戒毒、矫

正帮教、纠纷调解、应急处置、工会服务、拥军优属等领域广泛延伸，开展社会工作专业服务。对于社区居民诉求做到早发现、早改善，培育自尊自信、理性平和、积极向上的社会心态，综合协调解决好社会领域一般性矛盾和深层次矛盾交织叠加问题，充分发挥社会工作在加强社会诚信体系建设和社会心理服务体系建设中的专业作用，提升基层治理专业化、本土化、科学化水平，促进形成共建共治共享的社会治理格局。

四、社会工作高质量发展推动乡村全面振兴

之所以社会工作服务可以助推乡村全面振兴，是因为社会工作高质量发展离不开乡镇（街道）社会工作服务站建设、城乡社区服务体系建设、社区工作者队伍建设、社区社会组织培育管理等工作，这些举措推动社会工作下沉城乡社区基层。国家通过政策激励、项目奖补、税收减免、宣传典型等方式，引导高校毕业生、退役军人、返乡入乡留乡人员扎根基层，参与社区服务，引导社会工作服务从兜底性服务延伸至助力富民增收、培育社区社会组织、引导乡村民风、参与乡村治理等，推动巩固拓展脱贫致富奔小康成果同乡村振兴有效衔接。并通过实施做好社会工作"牵手行动"，促进社会工作服务均衡化、专业化发展。通过提升乡镇（街道）社工站建设运行水平，强化与村（社区）党群服务中心、儿童"关爱之家"、妇女儿童之家、残疾人之家、精神障碍社区康复服务点、养老服务机构、慈善超市等基层服务场所、设施设备的资源共享、联动发展，搭建"党建引领、部门协同、资源整合、五社联动、共建共享"的社区服务综合体，推进社会工作服务向乡村社区延伸并逐步实现全覆盖，形成以社会工作服务站为基础平台、社会工作专业服务为主要内容、政府购买服务项目为主要支撑、慈善服务项目为补充支持的区（县、市）—乡镇（街道）—村（社区）三级社会工作服务体系。

五、社会工作高质量发展推动专业人才队伍建设

保证社会工作高质量发展，提升社会工作专业化服务水平，迫切需要培养壮大社会工作专业人才队伍。

第一，建立社会工作专业人才激励机制。制定对取得社会工作者职业资

格证书人员的奖励措施，支持从事社会服务事业尤其是社会工作服务，但尚未取得社会工作者职业资格证书的人员，参加全国社会工作职业资格评定，获得相应资格证书，并按要求进行登记，提升社会工作从业人员专业能力。鼓励高校社会工作专业毕业生参加社会工作职业资格评定并进行登记，进一步提升社会工作者的持证率。

第二，建立健全社会工作专业教育机制。推动政、产、学、研深度合作，支持高校、科研机构开展社会工作行业发展政策研究和急需紧缺人才培养工作，增强教育支持社会服务产业发展的能力。与高校共建社会工作人才培训基地和社会工作专业联合培养研究生工作站等实践教学平台，探索与社会服务类企业、社会组织等共建产业学院、实习实训基地，实行现代学徒制、"订单培养"等人才培养模式。在政策、资金和项目等方面向积极开展社会工作人才培养培训的院校倾斜。鼓励支持高校社会工作专业教师创办民办社会工作服务机构，鼓励社会工作专业学生投身社会工作行业，鼓励高校聘请一线优秀社会工作实务人才担任指导教师或校外督导，双向提升理论和实务能力，建立健全教学、科研、实习、服务、就业一体化的专业教育机制。

第三，发掘、培育高层次创新创业社会工作人才。加快推进社会服务产业人力资源供给侧结构性改革，将社会工作人才作为社会服务产业发展紧缺专业人才，纳入社会工作部、组织部人才队伍建设总规划。充分发挥社会工作用人机构、高校、科研院所等在高层次人才培养中的主体作用。大力引进、培育社会工作实务、督导、专业教育等方面高层次人才，优化人才队伍结构。

第四，完善对社会工作优秀人才的选拔、管理、保障机制。将社会工作优秀人才纳入政府特殊津贴、有特殊贡献中青年专家、"名师工作室"人才培养工程等支持和奖励范围，充分发挥社会工作领军人才、"最美社工"、"英才培育计划"和优秀社会工作人才的示范引领作用。

六、社会工作高质量发展推动服务机构转型

社会工作高质量发展助推民办社会工作服务机构转型，体现在以下5个方面。

第一，社会工作机构的筹建和发展最主要来自创办者或创办团队的内生动力，出于他们内心对社会需求的回应和对社会群众的关怀。它的发展既需要管理型人才，更需要服务型人才，两者缺一不可。机构服务和管理是个系统工程，包含了专业服务、项目管理、财务管理、人力资源管理等。一个良好的社会组织需要有社会良知的领导者和管理者，更需要具有良好组织文化的专业团队。

第二，每一个社会工作者都有一份责任，要善于学习、懂得营销、勇于创新。

第三，社会工作机构和社会工作者在以需求为导向提供专业服务、满足服务对象基本需求的同时，还应肩负起以服务为载体普及社会工作知识的重任。让服务对象在接受服务的具体过程中认识、了解和接纳社会工作，才是社会工作事业最根本的专业发展前提，也是社会工作的立命之本。当前社会工作服务机构面临的挑战之一是在汲取传统服务经验的基础上改变现有的服务现状，并重构社会公众尤其是城乡社区居民对接受和参与社会服务的基本认识，营造居民参与、社区民主和互动互助的和谐社区环境。

第四，社会工作服务机构的转型和发展需要政策的创新与扶持。需要有关方面通过提供办公场地、服务场所、落实优惠政策等方式，鼓励具备资质、符合条件的组织和个人创办社会工作服务机构。引导社会工作服务机构完善内部治理结构，健全规章制度，加强服务队伍建设与管理，提升资源整合、项目管理和专业服务水平，增强承接政府购买社会工作服务能力，打造一批枢纽型、专业化的机构品牌。支持社会工作行业组织发展，加强行业自律和管理。

第五，以党建引领和法律保障社会工作事业高质量发展。要对社会工作主体、服务对象等作出全面规范，并以社会工作专业服务为基础，推动形成城乡搭配、功能覆盖、"五社"联动、五站一体、服务创新的规章制度休系。一方面要培育社会工作机构的内部发展能力、专业服务能力、项目开发能力和获取社会资源的能力；另一方面也要制定具体可操作的措施，加强对社会工作者的思想政治教育，提高社会工作者的专业素质，倡导社会工作者的职业精神，合理合法地保障社会工作者权益。

　　本书作为广东省社会工作专业人才重点实训基地教材、国家社科基金《新时代城乡社区治理体系建设研究》（21BSH20）、教育部高等教育司课题《青少年社会工作课程改革与实训案例库建设》（220406397261319）以及广州市社会科学规划课题《广州流动人口治安防控体系研究》（2020GZYB09）、华南理工大学—广州粤穗社会工作事务所全日制硕士专业学位研究生联合培养基地阶段性成果，是广州粤穗社会工作事务所一线社会工作者的集体经验结晶。在撰写过程中，我们得到了国内高校专家和学者的精心指教和督导点评，得到了广州市社会工作学会、广州粤穗社会工作事务所的大力支持。中国社会出版社的领导为本书的出版给予了大力帮助，责任编辑刘云燕更是付出了辛勤的劳动。在写作过程中，我们学习并引用了许多专家和学者的科研成果，隆惠清、唐艳茹参与编写，借此机会，一并表达深深的谢意！

　　由于作者水平所限，错误和不足之处在所难免，凡有不准确、不专业和不全面之处，恳请广大读者批评指正。

谢　宇

2023 年 9 月 28 日于广州